新疆农业职业技术学院现代学徒制试点学徒岗位教材

会计记账与核算学徒岗位手册

王青梅　吉文丽　主编

中国农业大学出版社
·北京·

内容简介

会计记账与核算是会计专业的核心骨干课程。本书主要以中小企业的采购与付款、销售与收款、借款、成本费用、利润核算等经济业务核算为主要内容，通过选取中小企业典型工作任务和会计核心能力设置本书的框架，展开师傅带领学生学习。本书特点是体例创新、学做一体、系统完整。可作为高职院校会计专业学生、社会上自学会计专业人员和会计工作人员进行系统学习及企业师傅带徒弟的专业用书。

图书在版编目（CIP）数据

会计记账与核算学徒岗位手册／王青梅，吉文丽主编．—北京：中国农业大学出版社，2020.5

ISBN 978-7-5655-2327-4

Ⅰ.①会…　Ⅱ.①王…②吉…　Ⅲ.①中小企业—会计—手册　Ⅳ.①F276.3-62

中国版本图书馆 CIP 数据核字(2020)第 004857 号

书　　名　会计记账与核算学徒岗位手册

作　　者　王青梅　吉文丽　主编

策划编辑　张　玉　张　蕊　　**责任编辑**　韩元凤

封面设计　郑　川

出版发行　中国农业大学出版社

社　　址　北京市海淀区圆明园西路 2 号　　**邮政编码**　100193

电　　话　发行部 010-62733489,1190　　读者服务部 010-62732336

编辑部 010-62732617,2618　　出　版　部 010-62733440

网　　址　http://www.caupress.cn　　**E-mail** cbsszs@cau.edu.cn

经　　销　新华书店

印　　刷　涿州市星河印刷有限公司

版　　次　2020 年 5 月第 1 版　　2020 年 5 月第 1 次印刷

规　　格　787×1092　　16 开本　　14.25 印张　　285 千字

定　　价　43.00 元

图书如有质量问题本社发行部负责调换

编写人员

主　编　王青梅　吉文丽

副主编　杜芯丽　陆红霞

参　编　苟新玲　张凌云　程传灵

主　审　王海波　史　梅

前　言

学徒岗位课程以从事学徒岗位综合职业能力标准和质量要求为依据，在师傅指导培训下、在从事和完成学徒岗位工作的实践育人过程中完成课程学习。

教材立足会计记账与核算岗位职责，编写总体思路是师带徒。按照企业经济业务的循环，根据会计核心能力，选取典型工作任务，以培养良好的职业素养，增强会计核算与管理能力，打造称职与敬业的会计为目的。全书包括三部分，第一部分企业入职培训，第二部分认识岗位，第三部分学徒工作学习任务，其中第三部分又包括九个项目，每个项目下又分为若干个任务。

教材的主要特色与创新如下：

体例别致。依据会计记账与核算岗位标准，从步入企业，到认识会计记账与核算学徒岗位、会计记账与核算管理制度、会计记账与核算学徒岗位考核，再到专业知识准备，这些让学生从思想上成为学徒。工作学习任务是重要内容，每一项任务中都有任务目标与质量要求、学习产出目标、工作程序与方法要求、工作任务实施记录与评价，这样的特别设计，在于注重学徒质量，注重产出。

学做一体。紧密结合中小企业会计岗位，突出会计岗位操作，按照业务时间循环，师傅带领学徒展示每一步操作；随着学生的不断积累，师傅简单放手，让学徒编制会计分录；再随着业务的不断深入，师傅部分放手，让学徒填制凭证、登记账簿、试算平衡；到顶岗中全面放手，让学徒独立操作具体业务核算。

系统完整。从岗位典型工作任务入手，每项任务体现会计岗位核心能力，系统、全面涵盖中小企业主要经济业务核算，对照任务要求，系统学习企业经济业务核算，浸润会计职业素养，到完全独立胜任，培养会计职业能力，从而提升学习效果，成为一名诚实守信、尽职尽责的合格会计。

本书编写分工如下：王青梅负责整体设计、统稿、会计业务资料收集，吉文丽负责案例分析。王青梅编写第一部分、第二部分与第三部分的项目一至项目五，吉文丽编写第一部分与第二部分的案例，苟新玲（万江财务公司总经理）编写第三部分的项目六，张凌云（鑫瑞税务师事务所主任）编写第三部分的项目七，陆红霞编写第三部分的项目八，杜芯丽（东方投资集团财务经理）编写第三部分的项目九。程传灵主要负责会计凭证、账簿、报表的收集与整理。

由于编者水平有限，书中难免有疏漏和不妥之处，恳请读者批评指正。

编者

2020 年 3 月

目 录

1 第一部分
企业入职培训

入职培训专题 1 企业基本情况 / 3

5 第二部分
认识岗位

入职培训专题 2 公司会计组织机构 / 7
入职培训专题 3 会计人员岗位职责 / 8
入职培训专题 4 会计记账与核算岗位工作技术要求 / 9
入职培训专题 5 会计记账与核算学徒岗位 / 10
入职培训专题 6 会计记账与核算岗位业务能力要求和培养目标 / 11
入职培训专题 7 会计职业道德 / 12
入职培训专题 8 会计信息质量要求 / 14
入职培训专题 9 会计凭证 / 16
入职培训专题 10 会计账簿 / 19
入职培训专题 11 记账凭证账务处理程序 / 24

27 第三部分
学徒工作学习任务

项目一 物资与付款核算 / 29
任务一 存货 / 29
子任务 1 原材料的核算 / 30
子任务 2 周转材料的核算 / 33
子任务 3 委托加工物资的核算 / 37
子任务 4 库存商品的核算 / 40
子任务 5 存货减值 / 44
子任务 6 存货清查 / 47
任务二 固定资产 / 50
子任务 1 固定资产取得 / 50
子任务 2 固定资产折旧 / 54
子任务 3 固定资产后续支出 / 59
子任务 4 固定资产处置 / 62
子任务 5 固定资产清查 / 65
子任务 6 固定资产减值 / 68
任务三 无形资产 / 71
子任务 1 无形资产取得的核算 / 71
子任务 2 无形资产摊销 / 75
子任务 3 无形资产减值 / 77
子任务 4 无形资产处置 / 80
任务四 投资性房地产 / 83
子任务 1 投资性房地产取得核算 / 83
子任务 2 投资性房地产成本模式核算 / 86
子任务 3 投资性房地产公允价值模式核算 / 90
任务五 应付款项 / 94
子任务 1 应付票据 / 94
子任务 2 应付账款 / 97
子任务 3 预收账款 / 100
子任务 4 其他应付款 / 102

任务六　应交增值税、消费税 / 105
子任务 1　应交增值税 / 105
子任务 2　应交消费税 / 110
项目二　投资核算 / 114
任务一　金融资产核算 / 114
子任务 1　交易性金融资产 / 114
子任务 2　持有至到期投资 / 118
子任务 3　可供出售的金融资产 / 122
任务二　长期股权投资 / 126
子任务 1　长期股权投资内容 / 126
子任务 2　成本法核算 / 129
子任务 3　权益法核算 / 132
项目三　借款核算 / 136
任务一　短期借款 / 136
任务二　长期借款 / 139
任务三　应付债券 / 142
项目四　所有者权益核算 / 146
任务一　实收资本核算 / 146
任务二　资本公积核算 / 150
任务三　留存收益核算 / 153
项目五　收入核算 / 157
任务一　商品销售收入 / 157
任务二　劳务收入 / 160
任务三　让渡资产使用权收入 / 164
任务四　应收款项核算 / 167
项目六　费用核算 / 173
项目七　职工薪酬核算 / 177
项目八　所得税核算 / 182
任务一　资产、负债的计税基础与暂时性差异 / 182
任务二　递延所得税资产和递延所得税负债 / 187
任务三　所得税费用核算 / 190

项目九　利润核算 / 194
附录 / 199
附录 1　会计记账与核算学徒岗位标准 / 201
附录 2　制定会计记账与核算学徒培养计划 / 206
附录 3　企业学徒选拔标准 / 211
附录 4　企业师傅选拔标准 / 213
参考文献 / 215

第一部分

企业入职培训

The first part

The first part

The first part

The first part

入职培训专题 1

企业基本情况

新疆新红有限责任公司，是根据新疆昌吉市的家具龙头企业进行模拟的公司，该公司主要生产办公桌、座椅、公寓化物品等产品，产品销往新疆各大高校、企业、学校，设有董事会、监事会、人力资源部、综合部、技术部、财务部、审计部、采购部、生产部、销售分公司、行政办公室、党办、质检处等部门，并拥有 7 个生产车间、5 个仓库。

企业地址：昌吉市昌五路××号，电话号码：0994－23 ××× 33，0994－23 ××× 10

纳税人登记号：652301197×××××532，本单位为增值税一般纳税人，其办公桌、座椅、公寓化床销售税率 13％，边角料税率 13％。

开户银行：工商银行延安北路支行

账号：652301200 ××× 32

法定代表人：杨瑞×

总经理：杨力×

监事长：唐玉×

监事：李新×

财务总监：周新×

主管会计：李丽×

销售会计：万霞×

记账会计：刘明× ，身份证：652301198002 ××× 210，具备初级会计师资格。

出纳：葛慧×

The second part

The second part

第二部分

认识岗位

The second part

The second part

入职培训专题 2
公司会计组织机构

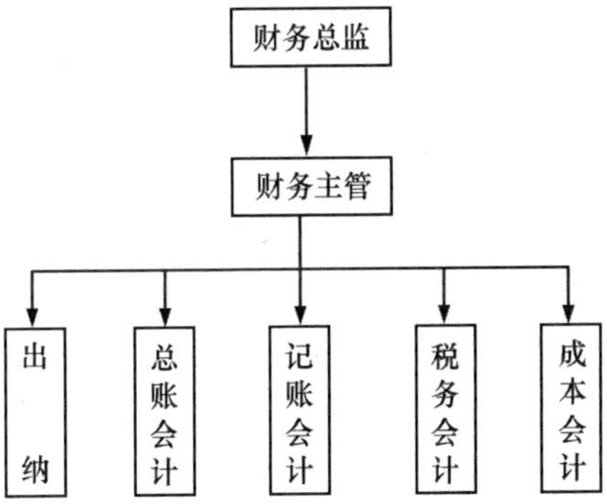

入职培训专题3
会计人员岗位职责

（1）加强政治业务学习，不断提高政治思想水平，坚持四项基本原则，树立全局观点，遵纪守法，忠于职守，廉洁奉公，实事求是。不断提高会计业务水平，建立科学的会计工作秩序，正确执行会计人员的职权，发挥会计在企业中的管理作用。

（2）认真执行各项财经纪律、方针、政策、法规、制度和各项开支标准，对违反制度的业务事项有权拒付，并向领导汇报。

（3）当好领导的参谋助手，管理并用好企业资金，量入为出，统筹兼顾，合理安排，保证重点。

（4）会计人员必须审查原始凭证，对于不正确、不完整的原始凭证，退回更正补充，对于不合法的原始凭证坚决拒绝受理，保证一切会计凭证、账簿、报表及其他会计资料的真实、准确和完整，并及时做好整理归档工作。

（5）会计人员要按照会计制度和规定设置会计科目和会计账簿，数字必须真实，严禁弄虚作假，伪造账目。对发生的经济活动要如实反映和监督，按会计制度及时记账、算账、报账。账簿内容完整，按会计准则进行收付，字迹工整，账账清晰，账账相符。

（6）编制财务计划，及时编报各种月报、季报决算。会计报表必须及时、准确。

（7）建立财产清查制度，保证账簿、记录与实物款项相符。

（8）坚持对预算的执行情况进行基本的数量分析，检查资金的使用效果，挖掘增收节支的潜力。及时清理债权、债务往来事项。

（9）经费使用做到年初有预算，年终有决算，并定期向主管领导办公会议汇报。

（10）建立、健全会计档案，按照财政部门规定的保管办法，保管好会计档案，以备查核。

入职培训专题4
会计记账与核算岗位工作技术要求

会计记账与核算岗位，要求学生根据企业发生的各项经济业务进行分析与判断，收集企业提供的经济业务原始凭证，编制记账凭证，依据记账凭证采用不同的账务处理程序登记账簿，根据账簿进行试算平衡。根据会计软件将企业会计记账与核算的资料录入会计电算化系统，进行初始设置，系统设置，录入余额及经济业务，录入凭证，自动生成账簿，报表参数设置，生成会计报表。

（1）学徒系统掌握财务会计的知识内容；

（2）具备初步编制会计分录的能力，要求学生胜任各项工作要求，完成业务分析、计算、编制凭证、登记账簿、试算平衡、编制科目余额表等工作；

（3）熟练操作会计软件，如用友或金蝶软件的操作；

（4）具备计算机操作水平，掌握企业办公软件的使用与操作。

入职培训专题 5
会计记账与核算学徒岗位

会计记账与核算学徒业务岗位是会计专业的学生系统学完第一年课程后，经过考核选拔，学生以会计学徒和企业员工两种身份承担制单会计、记账会计等会计岗位工作，边工作边学习，在老会计即师傅指导下完成会计算账、记账、成本核算、报表分析等会计主要工作，完成会计岗位职业知识、能力与素质培养，并通过认证的典型职业岗位。进入企业由师傅手把手指导，师傅根据人才培养目标和会计记账与核算学徒岗位课程，指导学生从事会计记账与核算岗位必备的职业能力和岗位工作业务能力，学生在师傅指导下获得初级会计师等职业资格证书或明确的执业能力标准。

会计记账与核算是会计专业现代学徒制试点，为培养会计专业核心职业能力，在一定时间内，利用行业和企业教育资源，学生以学徒身份进入企业，在师傅指导下，系统完成会计记账与核算岗位核心工作，进行出师考核，颁发学徒合格证。

入职培训专题6
会计记账与核算岗位业务能力要求和培养目标

1. 岗位业务能力要求

（1）根据企业发生的各型经济业务收集原始凭证，分析经济业务性质，确定涉及的会计科目；

（2）据此进行计算和编制经济业务核算的记账凭证；

（3）进行试算平衡；

（4）登记明细账和总账。

2. 培养目标

（1）分析和判断能力；

（2）计算能力；

（3）会计核算能力；

（4）逻辑思维能力；

（5）会计职业素质养成能力。

入职培训专题 7
会计职业道德

会计职业道德规范的主要内容包括：

1. 爱岗敬业

爱岗敬业是指忠于职守的事业精神，这是会计职业道德的基础。爱岗就是会计人员应该热爱自己的本职工作，安心于本职岗位，稳定、持久地在会计天地中耕耘，恪尽职守地做好本职工作。敬业就是会计人员应该充分认识本职工作在社会经济活动中的地位和作用，认识本职工作的社会意义和道德价值，具有会计职业的荣誉感和自豪感，在职业活动中具有高度的劳动热情和创造性，以强烈的事业心和责任感，从事会计工作。

2. 诚实守信

诚实是指言行跟内心思想一致，不弄虚作假，不欺上瞒下，做老实人，说老实话，办老实事。守信就是遵守自己所做出的承诺，讲信用，重信用，信守诺言，保守秘密。诚实守信是会计职业道德的精髓。

3. 廉洁自律

廉洁就是不贪污钱财，不收受贿赂，保持清白。自律是指自律主体按照一定的标准，自己约束自己、自己控制自己的言行和思想的过程。廉洁自律是会计职业道德的前提，也是会计职业道德的内在要求，这是由会计工作的特点决定的。

4. 客观公正

客观是指按事物的本来面目去反映，不掺杂个人的主观意愿，也不为他人意见所左右。公正就是平等、公平、正直，没有偏失。客观公正是会计职业道德所追求的理想目标。

5. 坚持准则

坚持准则是指会计人员在处理业务过程中，要严格按照会计法律制度办事，不为主观或他人意志左右。这里所说的“准则”不仅指会计准则，而且包括会计法律、法规、国家统一的会计制度以及与会计工作相关的法律制度。坚持准则是会计职业道德的核心。

6. 提高技能

会计人员的道德品行是会计职业道德的根本和核心，会计人员的职业技能水平是会计人员职业道德水平的保证。会计工作是一门专业性和技术性很强的工作，从业人员必须“具备一定的会计专业知识和技能”，才能胜任会计工作。作为一名会计工作者，必须不断地提高其职业技能，这既是会计人员的义务，也是在职业活动中做到客观公正、坚持准则的基础，是参与管理的前提。

7. 参与管理

参与管理简单地讲就是参加管理活动，为管理者当参谋，为管理活动服务。会计管理是企业管理的重要组成部分，在企业管理中具有十分重要的作用。

8. 强化服务

强化服务就是要求会计人员具有文明的服务态度、强烈的服务意识和优良的服务质量。

入职培训专题8
会计信息质量要求

会计信息质量要求是对企业财务报告中所提供会计信息质量的基本要求，是使财务报告中所提供会计信息对使用者决策有用应具备的基本特征，它主要包括：

1. 可靠性

可靠性要求企业应当以实际发生的交易或者事项为依据进行确认、计量和报告，如实反映符合确认和计量要求的各项会计要素及其他相关信息，保证会计信息真实可靠、内容完整。

2. 相关性

相关性要求企业提供的会计信息应当与财务报告使用者的经济决策需要相关，有助于财务报告使用者对企业过去、现在或者未来的情况做出评价或者预测。

3. 可理解性

可理解性要求企业提供的会计信息应当清晰明了，便于财务报告使用者理解和使用。

4. 可比性

可比性要求企业提供的会计信息应当相互可比。主要包括两层含义：

（1）同一企业不同时期可比　为了便于财务报告使用者了解企业财务状况、经营成果和现金流量的变化趋势，比较企业在不同时期的财务报告信息，全面、客观地评价过去、预测未来，从而做出决策。

（2）不同企业相同会计期间可比　为了便于财务报告使用者评价不同企业的财务状况、经营成果和现金流量及其变动情况，会计信息质量的可比性要求不同企业同一会计期间发生的相同或者相似的交易或者事项，应当采用规定的会计政策，确保会计信息口径一致、相互可比。

5. 实质重于形式

实质重于形式要求企业应当按照交易或者事项的经济实质进行会计确认、计量和报告，不仅仅以交易或者事项的法律形式为依据。

6. 重要性

重要性要求企业提供的会计信息应当反映与企业财务状况、经营成果和现金流量有关的所有重要交易或者事项。

7. 谨慎性

谨慎性要求企业对交易或者事项进行会计确认、计量和报告应当保持应有的谨慎，不应高估资产或者收益、低估负债或者费用。

8. 及时性

及时性要求企业对于已经发生的交易或者事项，应当及时进行确认、计量和报告，不得提前或者延后。

入职培训专题9
会计凭证

会计凭证，简称凭证，是记录经济业务，明确经济责任，作为记账依据的一种具有法律效力的书面证明。为保证会计记录如实反映企业的经济活动情况，确保会计信息的真实性和可靠性，记账必须严格以会计凭证为依据。会计人员必须对已取得的会计凭证进行严格的审核，只有准确无误的会计凭证才能作为经济业务已经发生或完成的证明，才能作为登记账簿的凭据。填制和审核会计凭证既是会计核算工作的起点，也是对经济业务活动进行核算和监督的基本环节，是会计核算的专门方法之一。

一、 由企业师傅指导学徒认识各种原始凭证

企业师傅指导学徒认识企业增值税专用发票、普通发票、收据、入库单、出库单、现金支票、转账支票等各种原始凭证。

二、 企业师傅现场指导学生填制记账凭证

（一）记账凭证的基本内容

记账凭证作为登记账簿的依据，因其所反映经济业务的内容不同、各单位规模大小及其对会计核算繁简程度的要求不同，其格式有所不同。但为了满足记账的基本要求，记账凭证应具备以下基本内容：

（1）记账凭证的名称，如“收款凭证”“付款凭证”“转账凭证”等；

（2）记账凭证的填制日期和编号；

（3）经济业务的内容摘要；

（4）会计科目（包括明细科目）名称、借贷方向和金额（即会计分录）；

（5）所附原始凭证的张数；

（6）填制凭证人员、稽核人员、记账人员、出纳人员、会计主管人员、制单等有关人员的签名或盖章。

（二）记账凭证的填制要求

1．基本要求

（1）审核无误；

（2）内容完整；

（3）准确填写会计分录；

（4）连续编号。

2．具体要求

（1）除结账和更正错误外，记账凭证必须附有原始凭证并注明所附原始凭证的张数。

（2）一张原始凭证所列的支出需要由两个以上的单位共同负担时，应当由保存该原始凭证的单位开给其他应负担单位“原始凭证分割单”。原始凭证分割单必须具备原始凭证的基本内容。

（3）记账凭证编号的方法有多种，可以按现金收付、银行存款收付和转账业务三类分别编号，也可以按现金收入、现金支出、银行存款收入、银行存款支出和转账业务五类进行编号，或者将转账业务按照具体内容再分成几类编号。

（4）填制记账凭证时如果发生错误，应当重新填制。

（5）实行会计电算化的单位，其机制记账凭证应当符合对记账凭证的一般要求，并应认真审核，做到会计科目使用正确，数字准确无误。打印出来的机制记账凭证上，要加盖制单人员、出纳人员、审核人员、记账人员和会计主管人员印章或者签字，以明确责任。

（6）记账凭证填制完经济业务事项后如有空行，应当在金额栏自最后一笔金额数字下的空行处至合计数上的空行处划线注销。

（7）正确编制会计分录并保证借贷平衡。必须根据国家统一会计制度的规定和经济业务的内容，正确使用会计科目和编制会计分录，记账凭证借、贷方的金额必须相等，合计数必须计算正确。

（8）摘要应与原始凭证内容一致，能正确反映经济业务的主要内容，表述简短精练。应能使阅读者通过摘要就能了解该项经济业务的性质、特征，判断出会计分录的正确与否，且一般不必再去翻阅原始凭证或询问有关人员。

（9）只涉及现金和银行存款之间相互划转（从银行提取现金或把现金存入银行）的经济业务，以付款业务为主，即为避免重复记账，只填制付款凭证而不填制收款凭证。

（三）记账凭证填制

（1）收款凭证的填制；

（2）付款凭证的填制；

（3）转账凭证的填制。

三、审核记账凭证

（1）记账凭证与所附原始凭证内容是否一致。如经济业务内容是否相符，金额是否相等，所附原始凭证的张数与记账凭证中填列的附件张数是否相符等。

（2）记账凭证中所应用的会计科目是否正确，明细科目是否齐全，科目对应关系是否清楚，借贷金额是否相等，合计计算是否正确等。

（3）记账凭证中的摘要填写是否清楚，是否归纳了经济业务的实际内容。

（4）记账凭证中有关项目是否填列齐全，有关人员是否签名盖章。

四、会计凭证的传递与保管

（一）会计凭证的传递

会计凭证的传递，是指会计凭证从编制时起到归档时止，在单位内部各有关部门及人员之间的传递程序和传递时间。正确合理地组织会计凭证的传递，有利于有关部门和人员及时了解经济业务活动的情况，加速对经济业务的处理；同时，有利于加强各有关部门的经济责任，也有利于实现会计监督，以充分发挥会计的监督作用。为了能够利用会计凭证，及时反映各项经济业务，提供会计信息，发挥会计监督的作用，必须正确、及时地进行会计凭证的传递，不得积压。

（二）会计凭证的保管

会计凭证的保管是指会计凭证的整理、装订、归档和存查工作。会计凭证是一种有法律效力的重要经济档案，入账后要妥善保管，以便日后随时查阅。

会计凭证的保管主要要求有：

（1）定期装订成册，防止散失；

（2）原始凭证的特殊处理；

（3）不得外借；

（4）按规定保管。

入职培训专题 10
会计账簿

各单位通过会计凭证的填制和审核，可将发生的经济业务记录和反映在会计凭证上，但会计凭证数量多、资料分散，每张凭证只能记载个别的经济业务，不能把单位在某一时期内发生的经济业务全面地、连续地、分类地反映出来。同时，会计凭证容易散失，不便于查找，也不便于日常管理。为了把单位在一定时期内发生的某类和全部经济业务进行连续、全面、系统、完整地反映和监督，就需要把会计凭证所反映的大量、分散的会计核算资料加以归类和整理，这个归集和整理会计核算资料的工具就是会计账簿。会计账簿是由具有专门格式并相互联系的账页组成，以经过审核的会计凭证为依据，全面、连续、系统地记录和反映各项经济业务变动情况的簿籍。

一、由企业师傅指导学徒认识各种账簿及其种类

1. 账簿按其用途分类

账簿按其用途分类，可以分为序时账簿、分类账簿和备查账簿。

2. 账簿按其外表形式分类

账簿按其外表形式分类，可分为订本账簿、活页账簿、卡片账簿。

3. 账簿按使用账页的格式分类

账簿按使用账页的格式分类，可分为三栏式账簿、数量金额式账簿、多栏式账簿和横线登记式账簿。

4. 会计账簿的基本内容

（1）封面。

（2）扉页。

（3）账页。账页是账簿的主要内容，一般应包括：①账户的名称（总分类账户、二级账户或明细账户）；②登记账户的日期栏；③记账凭证的种类和号数栏；④摘要栏（简要说明所记录的经济业务的内容）；⑤金额栏（记录经济业务的增减变动的发生额及余额）；⑥总页次和分户页次。

二、企业师傅现场指导学生登记各种账簿

师傅指导学生认识并动手填写日记账、总分类账、明细分类账和卡片账等各种账簿。

三、账簿的登记方法

（一）日记账的登记方法

（1）现金日记账；

（2）银行存款日记账。

（二）分类账的登记方法

（1）总分类账；

（2）明细分类账：

①三栏式明细分类账；

②数量金额式明细分类账；

③多栏式明细分类账；

④横线登记式明细分类账。

（三）备查账簿的登记方法

备查账簿主要根据原始凭证登记在总账和明细分类账中没有登记的文字类信息。

（四）账簿登记规则

（1）准确完整；

（2）注明记账符号；

（3）书写留空；

（4）正确使用蓝黑墨水；

（5）顺序连续登记；

（6）按要求结出余额；

（7）按规定过次页承前页；

（8）按正确方法更正错账；

（9）定期打印。

四、错账的更正方法

会计工作中发生的记账错误，主要表现为漏记、重记、错记三种。错记又表现为错记了会计科目、错记了记账方向、错用了记账墨水（蓝黑墨水误记为红水，或红水误用蓝黑墨水）、错记了金额等。发生的错误不同，更正的方法也不同，通常有划线更正法、红字更正法、补充登记法三种方法可供选择。

五、账簿的更换和保管

（一）账簿的更换

为了保持会计账簿资料的连续性，按会计制度规定，每年年末应进行账簿的更换。

（1）总账、日记账和大部分的明细账，每年更换一次。在年度内，订本账记满要更换新账时，办理与年初更换新账簿相似的手续。

（2）部分明细账，如固定资产明细账等，因年度内变动不多，年初可不必更换账簿。但在"摘要"栏内要加盖"结转下年"戳记，以划分新旧年度之间的金额。各种备查簿可连年使用。

（二）账簿的保管

会计账簿是重要的会计档案，平时应由专人负责保管。年度终了，各账户在结转下年，建立新账以后，会计人员应将活页账簿的空白账页抽出，并在填写齐全的"账簿启用及经管人员一览表""账户目录"前加上封面，固定后装订成册。经统一编号后，与各种订本账一起归档保管。会计账簿可暂由本单位财务会计部门保管一年，期满之后，由财务会计部门编造会计档案移交清册，交本单位的档案部门保管。

六、对账和结账

（一）对账

1. 账证核对

账证核对是指对会计账簿记录与原始凭证、记账凭证的时间、凭证字号、内容、金额是否一致，记账方向是否相符的核对。

2. 账账核对

（1）核对总分类账簿的记录；

（2）总分类账簿与所属明细分类账簿核对；

（3）总分类账簿与序时账簿核对；

（4）明细分类账簿之间的核对。

3. 账实核对

账实核对是指各项财产物资、债权、债务等账面余额与实有数之间的核对，以达到账实相符。其核对的内容主要包括：

（1）“现金日记账”的账面余额与库存现金的实存数是否相符；

（2）“银行存款日记账”账面余额与银行对账单的余额是否相符；

（3）各种财产物资明细分类账账面余额与该项财产物资的实际库存数是否相符；

（4）各种债权、债务明细分类账账面余额与债务、债权单位或个人账面记录是否相符。

（二）结账

结账就是一定期间内在将所发生的全部经济事项登记入账的基础上，结计出所有账户的本期发生额和期末余额，并将其余额结转到下期的账簿结束工作。

1. 结账的程序

（1）将本期发生的全部经济业务事项登记入账，并保证其正确性。结账前，应检查本期内各项经济业务是否按规定的程序全部登记入账，有无错记和漏记。若发现登记工作有错误，要及时按规定的方法进行更正。

（2）根据权责发生制的要求，调整有关账项，合理确定本期应计的收入和应计的费用。应计收入是指那些在本期已实现、因款项未收而未登记入账的收入，对于这类事项应确认为本期收入；应计费用是指那些在本期已发生、因款项未付而未登记入账的费用，这些费用应确认为本期的费用，如应付未付的利息。

（3）将损益类科目转入“本年利润”科目，结平所有的损益类科目，以正确计算经营成果。

（4）结算出资产、负债和所有者权益类科目的本期发生额和期末余额，并结转下期。

2. 结账的方法

结账时应根据不同的账簿记录和管理的需要，分别采用不同的方法。具体操作如下：

（1）对不需要按月结计本期发生额的账户，如各项应收、应付款明细账和各项财产物资明细账等，每次记账后都要逐笔结出余额，每月最后一笔余额即为月末余额。即月末余额就是本月最后一笔经济业务记录的同一行内的余额。月末结账时，只需在最后一笔经济业务记录之下画一条通栏单红线，不需要再结计一次余额。

（2）库存现金、银行存款日记账和需要按月结计本期发生额的收入、费用等明细账，月末结账时，需要在最后一笔经济业务记录下面画一条通栏单红线，在下一行的摘要栏内注明“本月合计”字样，并结出本月发生额和余额，在下面再画一条通栏单红线。需要结计本月发生额的账户，如果本月只发生一笔经济业务，结账时，只需要在此行下画一条通栏单红线，表示与下面的发生额分开，无须另结出“本月合计”数。

（3）需要结计本年累计发生额的某些明细账户，如主营业务收入、生产成本明细账等，月末结账时，应在“本月合计”行下摘要栏内注明“本年累计”字样，结计出自年初起至本月末止的累计发生额，登记在月份发生额下面，并在下面再画一条通栏单红线。12 月末的“本年累计”就是全年累计发生额，全年累计发生额下画通栏双红线。

（4）总账账户平时只需结出月末余额。年终结账时，为了总括地反映全年各项资金运动情况的全貌，核对账目，要将所有总账账户结出全年发生额和年末余额，在摘要栏内注明“本年合计”字样，并在合计数下画通栏双红线。

入职培训专题 11
记账凭证账务处理程序

账务处理程序也称会计核算形式，是指记账和产生会计信息的步骤和方法。不同的账务处理程序规定了填制会计凭证、登记账簿、编制财务报表的不同步骤和方法，将产生不同的会计工作效率。科学地设计账务处理程序，对提高会计核算质量和会计工作效率，充分发挥会计职能作用具有重要的意义。账务处理程序分为多种类型，各单位可以根据自身的情况自主选用或设计。目前，各单位采用的账务处理程序主要有：记账凭证账务处理程序、科目汇总表账务处理程序、汇总记账凭证账务处理程序、多栏式日记账账务处理程序和日记总账账务处理程序。不同账务处理程序的根本区别在于登记总分类账的依据和方法不同。本书重点讲授记账凭证账务处理程序的运用。

一、 记账凭证账务处理程序的特点

记账凭证账务处理程序是指直接根据记账凭证逐笔登记总分类账的一种账务处理程序。它是最基本的账务处理程序，其他各种账务处理程序都是在此基础上产生和发展起来的。它的特点是直接根据记账凭证逐笔登记总账。

二、 记账凭证账务处理程序的核算要求

采用记账凭证账务处理程序，需要设置现金日记账、银行存款日记账、总分类账和明细分类账。其中现金日记账、银行存款日记和总分类账一般采用三栏式，明细分类账根据需要可采用三栏式、多栏式和数量金额式。记账凭证可以采用通用记账凭证，也可以将收款凭证、付款凭证和转账凭证同时应用。在这种账务处理程序下，总分类

账一般是按户设页。

三、记账凭证账务处理程序的核算步骤

(1) 根据原始凭证或原始凭证汇总表填制记账凭证（收款凭证、付款凭证和转账凭证或通用记账凭证）；

(2) 根据收款凭证、付款凭证或通用记账凭证，登记现金日记账和银行存款日记账；

(3) 根据记账凭证和原始凭证（或原始凭证汇总表）登记明细分类账；

(4) 根据记账凭证登记总分类账；

(5) 期末，将各种日记账的余额和明细分类账的余额，分别同有关总分类账的余额核对；

(6) 期末，根据总分类账和明细分类账编制会计报表；

(7) 根据审核无误的总分类账和明细分类账的记录编制有关财务报告。

The third part

The third part

第三部分

学徒工作学习任务

The third part

The third part

项目一
物资与付款核算

任务一　存　　货

一、 存货概述

（一） 存货的概念

存货是指企业在日常活动中持有以备出售的产成品或商品、处在生产过程中的在产品、在生产过程或提供劳务过程中耗用的材料或物料等，包括各类材料、在产品、半成品、产成品、商品以及包装物、低值易耗品、委托代销商品等。

（二） 存货成本的确定

存货应当按照成本进行初始计量。存货成本包括采购成本、加工成本和其他成本。

存货的来源不同，其成本的构成内容也不同。原材料、商品、低值易耗品等通过购买而取得的存货的成本由采购成本构成；产成品、在产品、半成品等自制或需委托外单位加工完成的存货的成本由采购成本、加工成本以及使存货达到目前场所和状态所发生的其他支出构成。

（三） 发出存货的计价方法

企业发出的存货，可以按实际成本核算，也可以按计划成本核算。

如采用计划成本核算，会计期末应调整为实际成本。

企业应当根据各类存货的实物流转方式、企业管理的要求、存货的性质等实际情况，合理地确定发出存货成本的计算方法，以及当期发出存货的实际成本。对于性质和用途相同的存货，应当采用相同的成本计算方法确定发出存货的成本。在实际成本核算方式下，企业可以采用的发出存货成本的计价方法包括：个别计价法、先进先出法、月末一次加权平均法、移动加权平均法。

子任务 1　原材料的核算

【任务目标与质量要求】

1. 原材料按实际成本核算下购入、发出与结存成本的计算。
2. 原材料按计划成本核算下购入、发出与结存成本、差异率、差异额的结转的计算。
3. 编制原材料实际核算和按计划成本核算的会计分录。

【学习任务与岗位能力】

1. 实际成本法下不同计价方法原材料发出成本的计算，计划成本核算下原材料购入、发出与结存的成本、差异率、差异额结转的计算。

2. 编制原材料按实际成本核算、按计划成本核算的记账凭证。

【岗位准备】

1. 与仓库密切合作，取得材料出入库各种凭证。
2. 认真细心。
3. 与生产车间密切协调，取得材料领料和退库等各种凭证。
4. 服从生产车间和仓库、管理部门的安排。

【岗前培训】

原材料的日常收发及结存，可以采用实际成本核算，也可以采用计划成本核算。

一、 采用实际成本核算

（一）设置账户

设置“原材料”“在途物资”“应付账款”“预付账款”科目。

（二）核算

1. 购入材料

由于支付方式不同，原材料入库的时间与付款的时间可能一致，也可能不一致，在会计处理上也有所不同。

(1) 货款已经支付或开出商业承兑汇票，同时材料已验收入库；

(2) 货款已经支付或已开出商业承兑汇票，材料尚未到达或尚未验收入库；

(3) 货款尚未支付，材料已经验收入库；

(4) 货款已经预付，材料尚未验收入库。

2. 发出材料

先根据发出材料不同计价方法计算发出材料的成本，再根据发料凭证汇总表编制发出材料的会计分录。

二、 采用计划成本核算

(一) 设置账户

设置“原材料”“材料采购”“材料成本差异”科目。

(二) 核算

材料采用计划成本核算时，材料的收发及结存，无论总分类核算还是明细分类核算，均按照计划成本计价。使用的会计科目有“原材料”“材料成本差异”等。材料实际成本与计划成本的差异，通过“材料成本差异”科目核算。月末，计算本月发出材料应负担的成本差异并进行分摊，根据领用材料的用途计入相关资产的成本或者当期损益，从而将发出材料的计划成本调整为实际成本。

1. 购入材料

(1) 货款已经支付，同时材料验收入库；

(2) 货款已经支付，材料尚未验收入库；

(3) 货款尚未支付，材料已经验收入库。

2. 发出材料

月末，企业根据领料单等编制“发料凭证汇总表”结转发出材料的计划成本，应当根据所发出材料的用途，按计划成本分别记入“生产成本”“制造费用”“销售费用”“管理费用”等科目。

企业日常采用计划成本核算的，发出的材料成本应由计划成本调整为实际成本，通过“材料成本差异”科目进行结转，按照所发出材料的用途，分别记入“生产成本”“制造费用”“销售费用”“管理费用”等科目。发出材料应负担的成本差异应当按期(月)分摊，不得在季末或年末一次计算。

本期材料成本差异率＝(期初结存材料的成本差异＋本期验收入库材料的成本差异)/(期初结存材料的计划成本＋本期验收入库材料的计划成本)×100％

期初材料成本差异率＝期初结存材料的成本差异/期初结存材料的计划成本×100％

【工作任务实施】

工作步骤	工作程序	方法要求
1	收集原材料核算的各种原始凭证： 增值税专用发票、普通发票、入库单、出库单、付款凭证、结算凭证。	审查凭证内容：计算准确，付款方式合适，信用可靠，凭证齐全。
2	根据原始凭证编制原材料核算的记账凭证。	计算准确，会计科目正确，大小写格式正确，合计清楚，责任人填写清楚，编号正确，附件齐全。
3	根据记账凭证登记原材料的明细账。	摘要清晰，数字准确，科目正确，方向正确，计算准确。
4	根据记账凭证和明细账登记原材料的明细账与总账。	摘要清晰，数字准确，科目正确，方向正确，计算准确。

【关键技术环节师傅指导】

1. 实际成本核算下原材料发出计价的计算，原材料按计划成本核算的计算。
2. 编制原材料按计划成本核算的会计科目。

【职业素质培养】

1. 认真计算，细心、严谨、一丝不苟、不做假账。
2. 做事有原则并坚持会计准则。
3. 会计职业分析符合企业实际与会计准则。

【知识能力与技术技能考核评价】

学校：__________ 班级：________ 专业：________ 学徒姓名：________ 日期：______

学徒任务	原材料核算				
自我鉴定 （10 分）	职业素养(3)	□优秀 3	□良好 2	□一般 1	□较差 1 以下
	工作态度(3)	□优秀 3	□良好 2	□一般 1	□较差 1 以下
	出勤率(2)	□优秀 2	□良好 1.5	□一般 1	□较差 1 以下
	吃苦耐劳(2)	□优秀 2	□良好 1.5	□一般 1	□较差 1 以下
	得分：		学徒签名：		日期： 年 月 日

续表

学徒任务	原材料核算				
专业技能（40分）	实际成本计算（6分）	□优秀 6	□良好 4	□一般 2	□较差 1
	会计分录编制（7分）	□优秀 7	□良好 5	□一般 3	□较差 1
	计划成本计算（6分）	□优秀 6	□良好 4	□一般 2	□较差 1
	编制记账凭证（7分）	□优秀 7	□良好 5	□一般 3	□较差 1
	绘制丁字账（7分）	□优秀 7	□良好 5	□一般 3	□较差 1
	登记账簿（7分）	□优秀 7	□良好 5	□一般 3	□较差 1
	得分：	企业师傅签名：		日期：　　年　月　日	
学徒关键职业能力及职业品质、工匠精神评价（50分）	工作态度（7分）	□优秀 7	□良好 5	□一般 3	□较差 1
	吃苦耐劳（7分）	□优秀 7	□良好 5	□一般 3	□较差 1
	团队协作（7分）	□优秀 7	□良好 5	□一般 3	□较差 1
	沟通交流（7分）	□优秀 7	□良好 5	□一般 3	□较差 1
	学习钻研（7分）	□优秀 7	□良好 5	□一般 3	□较差 1
	认真负责（7分）	□优秀 7	□良好 5	□一般 3	□较差 1
	诚实守信（8分）	□优秀 8	□良好 6	□一般 4	□较差 2
	得分：	企业师傅签名：		日期：　　年　月　日	
综合评定	（1）综合得分				
	（2）实习等级	□优秀 100	□良好 80	□一般 60	□较差 60 以下

子任务 2　周转材料的核算

【任务目标与质量要求】

1. 包装物、低值易耗品按实际成本、计划成本核算下发出的计算。
2. 编制包装物和低值易耗品实际成本、计划成本核算的会计分录。

【学习任务与岗位能力】

1. 包装物、低值易耗品购入、发出实际成本、计划成本的计算。
2. 编制包装物、低值易耗品核算的记账凭证。

【岗位准备】

1. 与仓库密切合作，取得包装物、低值易耗品出、入库各种凭证。

2. 认真细心调查包装物、低值易耗品摊销方法。

3. 与生产车间密切协调，取得包装物、低值易耗品领用和退库等各种凭证。

4. 服从生产车间和仓库、管理部门的安排。

【岗前培训】

一、 包装物

包装物是指为了包装本企业商品而储备的各种包装容器，如桶、箱、瓶、坛、袋等。其核算内容包括：

（1）生产过程中用于包装产品作为产品组成部分的包装物；

（2）随同商品出售而不单独计价的包装物；

（3）随同商品出售而单独计价的包装物；

（4）出租或出借给购买单位使用的包装物。

1. 生产领用包装物

生产领用包装物，应按照领用包装物的实际成本，借记“生产成本”科目，按照领用包装物的计划成本，贷记“周转材料——包装物”科目，按照其差额，借记或贷记“材料成本差异”科目。

2. 随同商品出售而不单独计价的包装物

随同商品出售而不单独计价的包装物，应按其实际成本计入销售费用，借记“销售费用”科目，按其计划成本，贷记“周转材料——包装物”科目，按其差额，借记或贷记“材料成本差异”科目。

3. 随同商品出售而单独计价的包装物

随同商品出售且单独计价的包装物，发生的销售收入，计入其他业务收入；发生的实际销售成本，计入其他业务成本。

4. 出租或出借给购买单位使用的包装物

出租包装物，取得租金收入计入其他业务收入，发生费用和成本计入其他业务成本；出借给购买单位使用的包装物计入销售费用，不确认收入。

二、 低值易耗品

低值易耗品通常被视同存货，作为流动资产进行核算和管理，一般划分为一般工具、专用工具、替换设备、管理用具、劳动保护用品、其他用具等。

为了反映和监督低值易耗品增减变动及其结存情况，企业应当设置“周转材料——低值易耗品”科目，借方登记低值易耗品的增加，贷方登记低值易耗品的减少，期末余额在借方，通常反映企业期末结存低值易耗品的金额。

低值易耗品应当根据使用次数分次进行摊销。

1. 一次转销法

采用一次转销法摊销低值易耗品，在领用低值易耗品时，将其价值一次全部计入有关资产成本或者当期损益，主要适用于价值较低或极易损坏的低值易耗品的摊销。

2. 分次摊销法

采用分次摊销法摊销低值易耗品，低值易耗品在领用时摊销其账面价值的单次平均摊销额。分次摊销法适用于可供多次反复使用的低值易耗品。在采用分次摊销法的情况下，需要单独设置“周转材料——低值易耗品——在用”“周转材料——低值易耗品——在库”和“周转材料——低值易耗品——摊销”明细科目。

【工作任务实施】

工作步骤	工作程序	方法要求
1	收集包装物、低值易耗品核算的各种原始凭证，增值税专用发票，普通发票，入库单、出库单，付款凭证、结算凭证。	审查凭证内容：计算准确，付款方式合适，信用可靠，凭证齐全。
2	根据原始凭证编制包装物、低值易耗品核算的记账凭证。	计算准确，会计科目正确，大小写格式正确，合计清楚，责任人填写清楚，编号正确，附件齐全。
3	根据记账凭证登记包装物、低值易耗品的明细账。	摘要清晰，数字准确，科目正确，方向正确，计算准确。
4	根据记账凭证和明细账登记周转材料的明细账与总账。	摘要清晰，数字准确，科目正确，方向正确，计算准确。

【关键技术环节师傅指导】

1. 包装物、低值易耗品按计划成本核算差异额的计算。
2. 编制周转材料按计划成本核算的会计分录。

【职业素质培养】

1. 认真计算，细心、严谨、一丝不苟、不做假账。
2. 做事有原则并坚持会计准则。
3. 会计职业分析符合企业实际与会计准则。

【知识能力与技术技能考核评价】

学校：________ 班级：________ 专业：________ 学徒姓名：________ 日期：________

学徒任务	周转材料核算				
自我鉴定（10分）	职业素养(3)	□优秀 3	□良好 2	□一般 1	□较差 1 以下
	工作态度(3)	□优秀 3	□良好 2	□一般 1	□较差 1 以下
	出勤率(2)	□优秀 2	□良好 1.5	□一般 1	□较差 1 以下
	吃苦耐劳(2)	□优秀 2	□良好 1.5	□一般 1	□较差 1 以下
	得分：	学徒签名：		日期： 年 月 日	
专业技能（40分）	包装物计算(6分)	□优秀 6	□良好 4	□一般 2	□较差 1
	会计分录编制(7分)	□优秀 7	□良好 5	□一般 3	□较差 1
	低值易耗品计算（6分）	□优秀 6	□良好 4	□一般 2	□较差 1
	编制记账凭证(7分)	□优秀 7	□良好 5	□一般 3	□较差 1
	绘制丁字账(7分)	□优秀 7	□良好 5	□一般 3	□较差 1
	登记账簿(7分)	□优秀 7	□良好 5	□一般 3	□较差 1
	得分：	企业师傅签名：		日期： 年 月 日	
学徒关键职业能力及职业品质、工匠精神评价（50分）	工作态度(7分)	□优秀 7	□良好 5	□一般 3	□较差 1
	吃苦耐劳(7分)	□优秀 7	□良好 5	□一般 3	□较差 1
	团队协作(7分)	□优秀 7	□良好 5	□一般 3	□较差 1
	沟通交流(7分)	□优秀 7	□良好 5	□一般 3	□较差 1
	学习钻研(7分)	□优秀 7	□良好 5	□一般 3	□较差 1
	认真负责(7分)	□优秀 7	□良好 5	□一般 3	□较差 1
	诚实守信(8分)	□优秀 8	□良好 6	□一般 4	□较差 2
	得分：	企业师傅签名：		日期： 年 月 日	
综合评定	(1)综合得分				
	(2)实习等级	□优秀 100	□良好 80	□一般 60	□较差 60 以下

子任务3　委托加工物资的核算

【任务目标与质量要求】

在师傅指导下，计算委托加工物资的成本、增值税和消费税，根据计算编制其会计分录，登记账簿。

【学习任务与岗位能力】

1. 计算委托加工物资的发出材料计划成本、加工费和往返运费的增值税、消费税、收回的计划成本、差异额、连续加工物资和直接出售加工物资消费税的计算。

2. 正确编制委托加工物资核算的记账凭证。

【岗位准备】

1. 与合同签订部门确定委托加工物资是连续加工还是直接出售。

2. 与仓库密切合作，取得材料出、入库各种凭证。

3. 与生产车间密切协调，取得材料领料和退库等各种凭证，运费与加工费的商定，企业增值税和消费税的税率与缴纳情况。

4. 服从生产车间和仓库、管理部门的安排。

【岗前培训】

一、专业知识准备

委托加工物资是指企业委托外单位加工的各种材料、商品等物资。

企业委托外单位加工物资的成本包括加工中实际耗用物资的成本、支付的加工费用及应负担的运杂费等，支付的税金，包括委托加工物资所应负担的消费税（指属于消费税应税范围的加工物资）等。

企业应当设置“委托加工物资”科目，借方登记委托加工物资的实际成本，贷方登记加工完成验收入库的物资的实际成本和剩余物资的实际成本，期末余额在借方，反映企业尚未完工的委托加工物资的实际成本和发出加工物资的运杂费等。委托加工物资也可以采用计划成本或售价进行核算，其方法与库存商品相似。

1. 发出物资

企业发给外单位加工物资时，如果采用计划成本或售价核算的，还应同时结转材料成本差异或商品进销差价，贷记或借记“材料成本差异”科目或借记“商品进销差价”科目。

2. 支付加工费、运杂费等

企业向外单位支付的加工费与运杂费计入委托加工物资成本，将支付的、可抵扣的增值税的进项税额记入“应交税费——应交增值税（进项税额）”科目单独核算。

3. 加工完成验收入库

（1）连续加工；

（2）直接出售。

关键在于消费税的处理，连续加工消费税进入应交税费的借方，直接出售的消费税进入委托加工物资的成本。

二、委托加工物资核算任务

甲企业委托乙企业加工用于连续生产的应税消费品。甲、乙两企业均为增值税一般纳税人，适用的增值税率为13%，适用的消费税率为5%。甲企业对材料采用计划成本进行核算。有关资料如下：

（1）甲企业发出材料一批，计划成本为70 000元，材料成本差异率为2%。

（2）按合同规定，甲企业用银行存款支付乙企业加工费4 600元（不含增值税），以及相关的增值税和消费税。

（3）甲企业用银行存款支付运杂费600元（不考虑增值税进项税额）。

（4）甲企业委托乙企业加工完成后的材料计划成本为80 000元，该批材料已验收入库。

要求：

（1）计算甲企业应支付的增值税和消费税；

（2）编制甲企业委托加工材料发出、支付有关税费和入库有关的相关会计分录（“应交税费”账户需列出明细账，增值税需列出专栏）。

①编制发出加工材料的会计分录。

②编制支付加工费以及增值税的会计分录。

③编制支付消费税的会计分录。

④编制支付运费及增值税的会计分录。

⑤编制收回物资的会计分录。

【工作程序与方法要求】

工作步骤	工作程序	方法要求
1	收集委托加工物资核算的各种原始凭证，增值税专用发票、普通发票、入库单、出库单、付款凭证、结算凭证。	审查凭证内容：计算准确，付款方式合适，信用可靠，凭证齐全。
2	根据原始凭证编制委托加工物资核算的记账凭证。	计算准确，会计科目正确，大小写格式正确，合计清楚，责任人填写清楚，编号正确，附件齐全。
3	根据记账凭证登记委托加工物资的明细账与总账。	摘要清晰，数字准确，科目正确，方向正确，计算准确。

【关键技术环节师傅指导】

1. 发出材料的计划成本差异额、加工费的增值税和运费的增值税、消费税、收回物资的计划成本和差异额的计算。

2. 编制核算的会计分录。

【职业素质培养】

1. 认真计算，细心、严谨、一丝不苟、不做假账。

2. 做事有原则并坚持会计准则。

3. 会计职业分析符合企业实际与会计准则。

【知识能力与技术技能考核评价】

学校：__________ 班级：________ 专业：________ 学徒姓名：________ 日期：______

学徒任务	委托加工物资核算				
自我鉴定（10分）	职业素养(3)	□优秀 3	□良好 2	□一般 1	□较差 1 以下
	工作态度(3)	□优秀 3	□良好 2	□一般 1	□较差 1 以下
	出勤率(2)	□优秀 2	□良好 1.5	□一般 1	□较差 1 以下
	吃苦耐劳(2)	□优秀 2	□良好 1.5	□一般 1	□较差 1 以下
	得分：	学徒签名：		日期： 年 月 日	

续表

学徒任务	委托加工物资核算				
专业技能（40 分）	直接出售计算（6 分）	□优秀 6	□良好 4	□一般 2	□较差 1
	会计分录编制（7 分）	□优秀 7	□良好 5	□一般 3	□较差 1
	连续加工计算（6 分）	□优秀 6	□良好 4	□一般 2	□较差 1
	编制记账凭证（7 分）	□优秀 7	□良好 5	□一般 3	□较差 1
	绘制丁字账（7 分）	□优秀 7	□良好 5	□一般 3	□较差 1
	登记账簿（7 分）	□优秀 7	□良好 5	□一般 3	□较差 1
	得分：	企业师傅签名：		日期：　年　月　日	
学徒关键职业能力及职业品质、工匠精神评价（50 分）	工作态度（7 分）	□优秀 7	□良好 5	□一般 3	□较差 1
	吃苦耐劳（7 分）	□优秀 7	□良好 5	□一般 3	□较差 1
	团队协作（7 分）	□优秀 7	□良好 5	□一般 3	□较差 1
	沟通交流（7 分）	□优秀 7	□良好 5	□一般 3	□较差 1
	学习钻研（7 分）	□优秀 7	□良好 5	□一般 3	□较差 1
	认真负责（7 分）	□优秀 7	□良好 5	□一般 3	□较差 1
	诚实守信（8 分）	□优秀 8	□良好 6	□一般 4	□较差 2
	得分：	企业师傅签名：		日期：　年　月　日	
综合评定	(1)综合得分				
	(2)实习等级	□优秀 100	□良好 80	□一般 60	□较差 60 以下

子任务 4　库存商品的核算

【任务目标与质量要求】

1. 计算商品流通企业毛利率、销售成本、期末存货成本和商品流通企业售价金额法商品进销差价率、销售成本与期末存货成本。

2. 编制库存商品核算的会计分录。

【学习产出目标】

编制库存商品核算的记账凭证。

【岗位准备】

1. 与仓库密切合作，取得商品出、入库各种凭证。

2. 认真细心了解商品签订的合同以及出库时间。

3. 与生产车间密切协调，取得商品入库方式等各种凭证。

4. 服从生产车间和仓库、管理部门的安排。

【岗前培训】

一、知识准备

（一）库存商品的内容

库存商品是指企业已完成全部生产过程并已验收入库、合乎标准规格和技术条件，可以按照合同规定的条件送交订货单位，或可以作为商品对外销售的产品以及外购或委托加工完成验收入库用于销售的各种商品。库存商品具体包括库存产成品、外购商品、存放在门市部准备出售的商品、发出展览的商品、寄存在外的商品、接受来料加工制造的代制品和为外单位加工修理的代修品等。

企业应当设置“库存商品”科目。

（二）库存商品的核算

(1) 验收入库商品。

(2) 销售商品：商品流通企业的库存商品还可以采用毛利率法和售价金额核算法进行日常核算。

(3) 毛利率法：是指根据本期销售净额乘以上期实际（或本期计划）毛利率匡算本期销售毛利，并据以计算发出存货和期末存货成本的一种方法。

$$\text{上期实际(或本期计划)毛利率}=\frac{\text{上期实际(或本期计划)销售毛利}}{\text{上期实际(或本期计划)销售净额}}\times 100\%$$

$$\text{销售净额}=\text{商品销售收入}-\text{销售退回与折让}$$

$$\text{销售毛利}=\text{销售净额}\times\text{上期实际(或本期计划)毛利率}$$

$$\text{销售成本}=\text{销售净额}-\text{销售毛利}$$

$$\text{期末存货成本}=\text{期初存货成本}+\text{本期购货成本}-\text{本期销售成本}$$

(4) 售价金额核算法：是指平时商品的购入、加工收回、销售均按售价记账，售价与进价的差额通过“商品进销差价”科目核算，期末计算进销差价率和本期已销商品应分摊的进销差价，并据以调整本期销售成本的一种方法。

计算公式如下：

$$\text{商品进销差价率}=\frac{(\text{期初库存商品进销差价}+\text{本期购入商品进销差价})}{(\text{期初库存商品售价}+\text{本期购入商品售价})}\times 100\%$$

$$\text{本期销售商品应分摊的商品进销差价}=\text{本期商品销售收入}\times\text{商品进销差价率}$$

本期销售商品的成本＝本期商品销售收入－本期销售商品应分摊的商品进销差价

期末结存商品的成本＝期初库存商品的进价成本＋本期购进商品的进价成本－本期销售商品的成本

二、 库存商品核算任务

1. 昌吉汇嘉时代超市采用售价金额核算法计算期末存货成本。2017 年 10 月初存货成本为 900 万元，售价总额为 1 350 万元；本月购入存货成本为 4 500 万元，相应的售价总额为 5 400 万元；本月销售收入为 4 500 万元。该企业本月销售成本为多少万元？

2. 昌吉汇嘉时代超市采用毛利率法对商品的发出和结存进行日常核算。2017 年 10 月，甲类商品期初库存余额为 200 万元。该类商品本月购进为 600 万元，本月销售收入为 920 万元，本月销售折让为 20 万元；上月该类商品按扣除销售折让后计算的毛利率为 30%。假定不考虑相关税费，2017 年 10 月该类商品月末库存成本为多少？

【工作程序与方法要求】

工作步骤	工作程序	方法要求
1	收集库存商品核算的各种原始凭证，增值税专用发票、普通发票、入库单、出库单、付款凭证、结算凭证。	审查凭证内容：计算准确，付款方式合适、信用可靠、凭证齐全。
2	根据原始凭证编制库存商品的记账凭证。	计算准确，会计科目正确，大小写格式正确，合计清楚，责任人填写清楚，编号正确，附件齐全。
3	根据记账凭证登记库存商品的明细账、总账。	摘要清晰，数字准确，科目正确，方向正确，计算准确。

【关键技术环节师傅指导】

1. 毛利率法中毛利率、销售成本和期末存货成本的计算。
2. 售价金额法的商品进销差价率、销售成本与期末存货成本的计算。

【职业素质培养】

1. 分析经济业务的类型，涉及的会计要素和会计科目。
2. 计算毛利率法和售价金额法。
3. 编制库存商品核算会计分录的能力。
4. 登记库存商品入库与出库核算的明细账与总账。

【知识能力与技术技能考核评价】

学校：____________ 班级：________ 专业：________ 学徒姓名：________ 日期：______

学徒任务	库存商品核算				
自我鉴定（10分）	职业素养(3)	□优秀 3	□良好 2	□一般 1	□较差 1 以下
	工作态度(3)	□优秀 3	□良好 2	□一般 1	□较差 1 以下
	出勤率(2)	□优秀 2	□良好 1.5	□一般 1	□较差 1 以下
	吃苦耐劳(2)	□优秀 2	□良好 1.5	□一般 1	□较差 1 以下
	得分：	学徒签名：		日期： 年 月 日	
专业技能（40分）	入库与出库计算（6分）	□优秀 6	□良好 4	□一般 2	□较差 1
	会计分录编制(7分)	□优秀 7	□良好 5	□一般 3	□较差 1
	毛利率与售价金额法计算(6分)	□优秀 6	□良好 4	□一般 2	□较差 1
	编制记账凭证(7分)	□优秀 7	□良好 5	□一般 3	□较差 1
	绘制丁字账(7分)	□优秀 7	□良好 5	□一般 3	□较差 1
	登记账簿(7分)	□优秀 7	□良好 5	□一般 3	□较差 1
	得分：	企业师傅签名：		日期： 年 月 日	
学徒关键职业能力及职业品质、工匠精神评价（50分）	工作态度(7分)	□优秀 7	□良好 5	□一般 3	□较差 1
	吃苦耐劳(7分)	□优秀 7	□良好 5	□一般 3	□较差 1
	团队协作(7分)	□优秀 7	□良好 5	□一般 3	□较差 1
	沟通交流(7分)	□优秀 7	□良好 5	□一般 3	□较差 1
	学习钻研(7分)	□优秀 7	□良好 5	□一般 3	□较差 1
	认真负责(7分)	□优秀 7	□良好 5	□一般 3	□较差 1
	诚实守信(8分)	□优秀 8	□良好 6	□一般 4	□较差 2
	得分：	企业师傅签名：		日期： 年 月 日	
综合评定	(1)综合得分				
	(2)实习等级	□优秀 100	□良好 80	□一般 60	□较差 60 以下

子任务 5　存货减值

【任务目标与质量要求】

在师傅指导下，确定存货减值迹象的判断方法，计算存货成本与可变现净值，编制计提存货减值和转回的会计分录。

【学习产出目标】

1. 计算存货成本和可变现净值、存货跌价准备。
2. 编制存货跌价准备的计提和转回的记账凭证。

【岗位准备】

1. 与仓库、生产车间密切合作，取得商品减值迹象的各种资料。
2. 认真细心与销售部门协调，查看合同签订情况以及价格的制定。
3. 与生产车间沟通，取得商品的加工成本。
4. 服从生产车间和仓库、管理部门的安排。

【岗前培训】

一、 知识准备

1. 存货跌价准备的计提和转回

资产负债表日，存货应当按照成本与可变现净值孰低计量。其中，成本是指期末存货的实际成本，如企业在存货成本的日常核算中采用计划成本法、售价金额核算法等简化核算方法，则成本为经调整后的实际成本。可变现净值是指在日常活动中，存货的估计售价减去至完工时估计将要发生的成本、估计的销售费用以及相关税费后的金额。可变现净值的特征表现为存货的预计未来净现金流量，而不是存货的售价或合同价。

存货成本高于其可变现净值的，应当计提存货跌价准备，计入当期损益。以前减记存货价值的影响因素已经消失的，减记的金额应当予以恢复，并在原已计提的存货跌价准备金额内转回，转回的金额计入当期损益。

2. 存货跌价准备的会计处理

企业应当设置“存货跌价准备”科目，核算存货的存货跌价准备，贷方登记计提的存货跌价准备金额；借方登记实际发生的存货跌价损失金额和冲减的存货跌价准备金额，期末余额一般在贷方，反映企业已计提但尚未转销的存货跌价准备。

当存货成本高于其可变现净值时，企业应当按照存货可变现净值低于成本的差额，借记“资产减值损失——计提的存货跌价准备”科目，贷记“存货跌价准备”科目。

转回已计提的存货跌价准备金额时，按恢复增加的金额，借记“存货跌价准备”科目，贷记“资产减值损失——计提的存货跌价准备”科目。

企业结转存货销售成本时，对于已计提存货跌价准备的，借记“存货跌价准备”科目，贷记“主营业务成本”“其他业务成本”等科目。

二、 存货减值核算任务

1. 新疆新红有限责任公司对期末存货采用成本与可变现净值孰低法计价。2017 年 12 月 31 日库存用于生产 A 产品的原材料的实际成本为 40 万元，预计进一步加工所需费用为 16 万元。预计 A 产品的销售费用及税金为 8 万元。该原材料加工完成后的 A 产品预计销售价格为 60 万元。假定该公司以前年度未计提存货跌价准备。计算 2017 年 12 月 31 日该项材料应计提的跌价准备为多少元。

2. 新疆新红有限责任公司为增值税一般纳税人，库存商品采用实际成本核算，商品售价不含增值税，商品销售成本随销售同时结转。2019 年 4 月 1 日，W 商品账面余额为 230 万元。2019 年 4 月发生的有关采购与销售业务如下：

（1）4 月 3 日，从 A 公司采购 W 商品一批，收到的增值税专用发票上注明的货款为 80 万元，增值税为 10.4 万元。W 商品已验收入库，款项尚未支付。

（2）4 月 8 日，向 B 公司销售 W 商品一批，开出的增值税专用发票上注明的售价为 150 万元，增值税为 19.5 万元，该批 W 商品实际成本为 120 万元，款项尚未收到。

（3）销售给 B 公司的部分 W 商品由于存在质量问题，4 月 20 日 B 公司要求退回 4 月 8 日所购 W 商品的 50%，经过协商，新疆新红有限责任公司同意了 B 公司的退货要求，并按规定向 B 公司开具了增值税专用发票（红字），发生的销售退回允许扣减当期的增值税销项税额，该批退回的 W 商品已验收入库。

（4）31 日，经过减值测试，W 商品的可变现净值为 230 万元。

要求：

（1）编制业务（1）～（3）的会计分录，（“应交税费”科目要求写出明细科目和专栏名称，答案中的金额单位用万元表示）。

（2）计算新疆新红有限责任公司 2019 年 4 月 30 日 W 商品的账面余额。

（3）计算 2019 年 4 月 30 日 W 商品应确认的存货跌价准备并编制会计分录。

【工作程序与方法要求】

工作步骤	工作程序	方法要求
1	收集存货减值的各种成本和可变现净值资料售价、税金和销售费用、存货总账。	审查凭证内容：计算准确，付款方式合适，信用可靠，凭证齐全。
2	根据资料计算并编制存货减值的记账凭证。	计算准确，会计科目正确，大小写格式正确，合计清楚，责任人填写清楚，编号正确，附件齐全。
3	根据记账凭证登记存货跌价准备的明细账、总账。	摘要清晰，数字准确，科目正确，方向正确，计算准确。

【关键技术环节师傅指导】

1. 判断存货减值迹象，计算存货成本、可变现净值、存货跌价准备。
2. 编制存货跌价准备计提、转回的会计分录。

【职业素质培养】

1. 分析存货跌价准备的迹象，并分析其原因。
2. 计算存货成本、存货可变现净值与存货跌价准备的计提与转回。
3. 编制存货跌价准备的计提与转回记账凭证的能力。
4. 登记明细账与总账的能力。

【知识能力与技术技能考核评价】

学校：______________ 班级：________ 专业：________ 学徒姓名：________ 日期：______

学徒任务	存货减值核算				
自我鉴定（10 分）	职业素养(3)	□优秀 3	□良好 2	□一般 1	□较差 1 以下
	工作态度(3)	□优秀 3	□良好 2	□一般 1	□较差 1 以下
	出勤率(2)	□优秀 2	□良好 1.5	□一般 1	□较差 1 以下
	吃苦耐劳(2)	□优秀 2	□良好 1.5	□一般 1	□较差 1 以下
	得分：	学徒签名：		日期： 年 月 日	
专业技能（40 分）	判断跌价迹象(6 分)	□优秀 6	□良好 4	□一般 2	□较差 1
	跌价准备计算(7 分)	□优秀 7	□良好 5	□一般 3	□较差 1
	会计分录编制(6 分)	□优秀 6	□良好 4	□一般 2	□较差 1
	编制记账凭证(7 分)	□优秀 7	□良好 5	□一般 3	□较差 1

续表

学徒任务	存货减值核算				
专业技能（40分）	绘制丁字账（7分）	□优秀 7	□良好 5	□一般 3	□较差 1
	登记账簿（7分）	□优秀 7	□良好 5	□一般 3	□较差 1
	得分：	企业师傅签名：		日期：　年　月　日	
学徒关键职业能力及职业品质、工匠精神评价（50分）	工作态度（7分）	□优秀 7	□良好 5	□一般 3	□较差 1
	吃苦耐劳（7分）	□优秀 7	□良好 5	□一般 3	□较差 1
	团队协作（7分）	□优秀 7	□良好 5	□一般 3	□较差 1
	沟通交流（7分）	□优秀 7	□良好 5	□一般 3	□较差 1
	学习钻研（7分）	□优秀 7	□良好 5	□一般 3	□较差 1
	认真负责（7分）	□优秀 7	□良好 5	□一般 3	□较差 1
	诚实守信（8分）	□优秀 8	□良好 6	□一般 4	□较差 2
	得分：	企业师傅签名：		日期：　年　月　日	
综合评定	（1）综合得分				
	（2）实习等级	□优秀 100	□良好 80	□一般 60	□较差 60 以下

子任务 6　存货清查

【任务目标与质量要求】

1. 确定存货清查内容与方法。
2. 编制存货盘盈、盘亏的会计分录。

【学习产出目标】

1. 制订存货清查计划。
2. 编制存货盘盈、盘亏的记账凭证。

【岗位准备】

1. 与仓库、生产车间密切合作，取得存货出、入库各种凭证。
2. 认真细心了解存货清查方法以及注意事项。
3. 与库管密切协调，取得存货管理的各项制度与规定，获取实地资料。
4. 按照生产车间和仓库、管理部门的安排，制订清查计划，确定人员及清查步骤。

【岗前培训】

一、知识准备

存货清查是指通过对存货的实地盘点，确定存货的实有数量，并与账面结存数核对，从而确定存货实存数与账面结存数是否相符的一种专门方法。

对于存货的盘盈盘亏，应填写存货盘点报告（如实存账存对比表），及时查明原因，按照规定程序报批处理。

为了反映企业在财产清查中查明的各种存货的盘盈、盘亏和毁损情况，企业应当设置“待处理财产损益”科目，借方登记存货的盘亏、毁损金额及盘盈的转销金额，贷方登记存货的盘盈金额及盘亏的转销金额。企业清查的各种存货损益，应在期末结账前处理完毕，期末处理后，本科目应无余额。

1. 存货盘盈的核算

企业发生存货盘盈时，借记“原材料”“库存商品”等科目，贷记“待处理财产损益”科目。在按管理权限报经批准后，借记“待处理财产损益”科目，贷记“管理费用”科目。

2. 存货盘亏及毁损的核算

企业发生存货盘亏及损毁时，借记“待处理财产损益”科目，贷记“原材料”“库存商品”等科目。在按管理权限报经批准后应做如下会计处理：对于入库的残料价值，记入“原材料”等科目；对于应由保险公司和过失人赔偿的款项，记入“其他应收款”科目；扣除残料价值和应由保险公司、过失人赔款后的净损失，属于一般经营损失的部分，记入“管理费用”科目；属于非常损失的部分，记入“营业外支出”科目。

二、存货清查核算任务

新疆新红有限责任公司 12 月财产清查中发现下列情况：

（1）盘亏甲材料 1 000 kg，单位计划成本为 40 元（材料成本差异率−2%，增值税税率为 13%）。

（2）盘盈丙材料 500 kg，实际成本 50 元。

（3）产成品仓库发现毁损 A 产品 500 件，每件实际成本 100 元。

（4）对上述清查结果，经有关部门批准后，处理如下：甲材料盘亏 1 000 kg，其中 300 kg 属仓库管理人员失职造成，应由其赔偿损失，另外 700 kg 属管理制度不健全造成，列管理费用处理；丙材料盘盈是由于计量不准造成，作冲减管理费用处理；A 产品毁损属于意外事故造成，保险公司同意赔偿 30 000 元，净损失按规定予以转销。

要求：编制上述经济业务核算的会计分录。

【工作程序与方法要求】

工作步骤	工作程序	方法要求
1	收集存货清查的各种原始凭证，如存货盘点表、入库单、出库单、领导审批单。	审查凭证内容：计算准确，付款方式合适，信用可靠，凭证齐全。
2	根据原始凭证编制存货清查的记账凭证。	计算准确，会计科目正确，大小写格式正确，合计清楚，责任人填写清楚，编号正确，附件齐全。
3	根据记账凭证登记存货的明细账。	摘要清晰，数字准确，科目正确，方向正确，计算准确。
4	根据记账凭证和明细账登记存货的总账。	摘要清晰，数字准确，科目正确，方向正确，计算准确。

【关键技术环节师傅指导】

1. 存货盘亏的计算。
2. 编制存货清查的会计分录。

【职业素质培养】

1. 认真计算，细心、严谨、一丝不苟、不做假账。
2. 做事有原则并坚持会计准则。
3. 会计职业分析符合企业实际与会计准则。

【知识能力与技术技能考核评价】

学校：______ 班级：______ 专业：______ 学徒姓名：______ 日期：______

学徒任务	存货清查核算	
自我鉴定（10分）	职业素养(3)	□优秀 3　□良好 2　□一般 1　□较差 1 以下
	工作态度(3)	□优秀 3　□良好 2　□一般 1　□较差 1 以下
	出勤率(2)	□优秀 2　□良好 1.5　□一般 1　□较差 1 以下
	吃苦耐劳(2)	□优秀 2　□良好 1.5　□一般 1　□较差 1 以下
	得分：　学徒签名：　日期：　年　月　日	
专业技能（40分）	存货清查方法确定（6分）	□优秀 6　□良好 4　□一般 2　□较差 1
	存货清查计算（7分）	□优秀 7　□良好 5　□一般 3　□较差 1

续表

学徒任务	存货清查核算				
专业技能（40 分）	会计分录编制（6 分）	□优秀 6	□良好 4	□一般 2	□较差 1
	编制记账凭证（7 分）	□优秀 7	□良好 5	□一般 3	□较差 1
	绘制丁字账（7 分）	□优秀 7	□良好 5	□一般 3	□较差 1
	登记账簿（7 分）	□优秀 7	□良好 5	□一般 3	□较差 1
	得分：	企业师傅签名：		日期：　年　月　日	
学徒关键职业能力及职业品质、工匠精神评价（50 分）	工作态度（7 分）	□优秀 7	□良好 5	□一般 3	□较差 1
	吃苦耐劳（7 分）	□优秀 7	□良好 5	□一般 3	□较差 1
	团队协作（7 分）	□优秀 7	□良好 5	□一般 3	□较差 1
	沟通交流（7 分）	□优秀 7	□良好 5	□一般 3	□较差 1
	学习钻研（7 分）	□优秀 7	□良好 5	□一般 3	□较差 1
	认真负责（7 分）	□优秀 7	□良好 5	□一般 3	□较差 1
	诚实守信（8 分）	□优秀 8	□良好 6	□一般 4	□较差 2
	得分：	企业师傅签名：		日期：　年　月　日	
综合评定	（1）综合得分				
	（2）实习等级	□优秀 100	□良好 80	□一般 60	□较差 60 以下

任务二　固定资产

子任务 1　固定资产取得

【任务目标与质量要求】

1. 正确进行固定资产的分类。
2. 计算外购固定资产的成本、自营工程的成本、出包工程的成本。
3. 编制外购固定资产、自营工程、出包工程核算的会计分录。

【学习产出目标】

1. 计算外购和自建、出包固定资产的成本。
2. 编制外购和自建、出包固定资产的记账凭证。

【岗位准备】

1. 与采购部门密切沟通，取得购买固定资产的各种凭证。

2. 认真细心了解各类固定资产的存放地点。

3. 与各个生产车间协调，取得固定资产在车间的使用情况。

4. 服从生产车间和仓库、管理部门的安排。

【岗前培训】

一、知识准备

（一）固定资产概述

1. 固定资产的概念和特征

（1）为生产商品、提供劳务、出租或经营管理而持有。

（2）使用寿命超过一个会计年度。

作为企业的固定资产应具备以下两个特征：

第一，企业持有固定资产的目的，是为了生产商品、提供劳务、出租或经营管理的需要，而不像商品一样为了对外出售。这一特征是固定资产区别于商品等流动资产的重要标志。

第二，企业使用固定资产的期限较长，使用寿命一般超过一个会计年度，这一特征表明企业固定资产的收益期超过一年，能在一年以上的时间里为企业创造经济利益。

2. 固定资产的分类

根据不同的管理需要和核算要求以及不同的分类标准，可以对固定资产进行不同的分类，主要有以下几种分类方法：

（1）按经济用途分类　按固定资产的经济用途分类，可分为生产经营用固定资产和非生产经营用固定资产。

（2）综合分类　按固定资产的经济用途和使用情况等综合分类，可把企业的固定资产划分为七大类：生产经营用固定资产、非生产经营用固定资产、租出固定资产（指在经营租赁方式下出租给外单位使用的固定资产）、不需用固定资产、未使用固定资产、土地（指过去已经估价单独入账的土地，因征地而支付的补偿费，应计入与土地有关的房屋、建筑物的价值内，不单独作为土地价值入账。企业取得的土地使用权，应作为无形资产管理，不作为固定资产管理）、融资租入固定资产。

（二）固定资产的会计核算

1. 设置账户

设置“固定资产”“累计折旧”“在建工程”“工程物资”“固定资产清理”科目。

2. 固定资产取得的核算

(1) 外购固定资产　企业外购的固定资产，应按实际支付的购买价款、相关税费、使固定资产达到预定可使用状态前所发生的可归属于该项资产的运输费、装卸费、安装费和专业人员服务费等，作为固定资产的取得成本。

企业购入不需要安装的固定资产，应按实际支付的购买价款、相关税费以及使固定资产达到预定可使用状态前所发生的可归属于该项资产的运输费、装卸费和专业人员服务费等，作为固定资产成本，借记“固定资产”科目，贷记“银行存款”等科目。

购入需要安装的固定资产，应在购入的固定资产取得成本的基础上加上安装调试成本等，作为购入固定资产的成本，先通过“在建工程”科目核算，待安装完毕达到预定可使用状态时，再由“在建工程”科目转入“固定资产”科目。企业购入固定资产时，按实际支付的购买价款、运输费、装卸费和其他相关税费等，借记“在建工程”科目，贷记“银行存款”等科目；支付安装费用等时，借记“在建工程”科目，贷记“银行存款”等科目；安装完毕达到预定可使用状态时，按其实际成本，借记“固定资产”科目，贷记“在建工程”科目。

企业基于产品价格等因素的考虑，可能以一笔款项购入多项没有单独标价的固定资产，如果这些资产均符合固定资产的定义，并满足固定资产的确认条件，则应将各项资产单独确认为固定资产，并按各项固定资产公允价值的比例对总成本进行分配，分别确定各项固定资产的成本。

(2) 建造固定资产　企业自行建造固定资产，应按建造该项资产达到预定可使用状态前发生的必要支出，作为固定资产的成本。

自建固定资产应先通过“在建工程”科目核算，工程达到预定可使用状态时，再从“在建工程”科目转入“固定资产”科目。企业自建固定资产，主要有自营和出包两种方式，由于采用的建设方式不同，其会计处理也不同。

第一，自营工程。自营工程是指企业自行组织工程物资采购、自行组织施工人员施工的建筑工程和安装工程。购入工程物资时，借记“工程物资”科目，贷记“银行存款”等科目。领用工程物资时，借记“在建工程”科目，贷记“工程物资”科目。在建工程领用本企业原材料时，借记“在建工程”科目，贷记“原材料”“应交税费——应交增值税（进项税额转出）”等科目。在建工程领用本企业生产的商品时，借记“在建工程”科目，贷记“库存商品”“应交税费——应交增值税（销项税额）”等科目。自营工程发生的其他费用（如分配工程人员工资等），借记“在建工程”科目，贷记“银行存款”“应付职工薪酬”等科目。自营工程达到预定可使用状态时，按其成本，借记“固定资产”科目，贷记“在建工程”科目。

第二，出包工程。出包工程是指企业通过招标等方式将工程项目发包给建造承包商，由建造承包商组织施工的建筑工程和安装工程。企业采用出包方式进行的固定资产工程，其工程的具体支出主要由建造承包商核算，在这种方式下，“在建工程”科目主要是企业与建造承包商办理工程价款的结算科目，企业支付给建造承包商的工程价款作为工程成本，通过“在建工程”科目核算。企业按合理估计的发包工程进度和合同规定向建造承包商结算的进度款，借记“在建工程”科目，贷记“银行存款”等科目；工程完成时按合同规定补付的工程款，借记“在建工程”科目，贷记“银行存款”等科目；工程达到预定可使用状态时，按其成本，借记“固定资产”科目，贷记“在建工程”科目。

二、 固定资产取得的核算任务

新疆新红有限责任公司购入一台不需要安装即可投入使用的设备，取得的增值税专用发票上注明的设备价款为 30 000 元，增值税额为 3 900 元，另支付运输费 300 元，包装费 400 元，款项以银行存款支付。

要求： 编制固定资产核算的会计分录。

【工作程序与方法要求】

工作步骤	工作程序	方法要求
1	收集固定资产和在建工程取得的各种原始凭证，如增值税专用发票、红字普通发票、验收单、付款凭证、领导审批单。	审查凭证内容：计算准确，付款方式合适，信用可靠，凭证齐全。
2	根据原始凭证编制在建工程、固定资产的记账凭证。	计算准确，会计科目正确，大小写格式正确，合计清楚，责任人填写清楚，编号正确，附件齐全。
3	根据记账凭证登记固定资产的明细账、总账。	摘要清晰，数字准确，科目正确，方向正确，计算准确。

【关键技术环节师傅指导】

1. 外购固定资产、自建工程成本的计算。
2. 编制固定资产取得核算的会计分录。

【职业素质培养】

1. 认真计算，细心、严谨、一丝不苟、不做假账。
2. 做事有原则并坚持会计准则。
3. 会计职业分析符合企业实际与会计准则。

【知识能力与技术技能考核评价】

学校：__________ 班级：________ 专业：________ 学徒姓名：________ 日期：______

学徒任务	固定资产取得核算				
自我鉴定（10分）	职业素养(3)	□优秀 3	□良好 2	□一般 1	□较差 1 以下
	工作态度(3)	□优秀 3	□良好 2	□一般 1	□较差 1 以下
	出勤率(2)	□优秀 2	□良好 1.5	□一般 1	□较差 1 以下
	吃苦耐劳(2)	□优秀 2	□良好 1.5	□一般 1	□较差 1 以下
	得分： 学徒签名： 日期： 年 月 日				
专业技能（40分）	固定资产内容确定（6分）	□优秀 6	□良好 4	□一般 2	□较差 1
	固定资产取得成本计算（7分）	□优秀 7	□良好 5	□一般 3	□较差 1
	会计分录编制（6分）	□优秀 6	□良好 4	□一般 2	□较差 1
	编制记账凭证（7分）	□优秀 7	□良好 5	□一般 3	□较差 1
	绘制丁字账（7分）	□优秀 7	□良好 5	□一般 3	□较差 1
	登记账簿（7分）	□优秀 7	□良好 5	□一般 3	□较差 1
	得分： 企业师傅签名： 日期： 年 月 日				
学徒关键职业能力及职业品质、工匠精神评价（50分）	工作态度（7分）	□优秀 7	□良好 5	□一般 3	□较差 1
	吃苦耐劳（7分）	□优秀 7	□良好 5	□一般 3	□较差 1
	团队协作（7分）	□优秀 7	□良好 5	□一般 3	□较差 1
	沟通交流（7分）	□优秀 7	□良好 5	□一般 3	□较差 1
	学习钻研（7分）	□优秀 7	□良好 5	□一般 3	□较差 1
	认真负责（7分）	□优秀 7	□良好 5	□一般 3	□较差 1
	诚实守信（8分）	□优秀 8	□良好 6	□一般 4	□较差 2
	得分： 企业师傅签名： 日期： 年 月 日				
综合评定	(1)综合得分				
	(2)实习等级	□优秀 100	□良好 80	□一般 60	□较差 60 以下

子任务2　固定资产折旧

【任务目标与质量要求】

1. 确定计提折旧的范围。
2. 折旧的计算。

3. 编制折旧核算的会计分录。

【学习产出目标】

1. 计算固定资产折旧。

2. 编制折旧核算的记账凭证。

【岗位准备】

1. 与生产部门、管理部门、后勤部门密切沟通，取得固定资产使用磨损情况，取得折旧计算方法等各种资料。

2. 认真细心了解确定各类固定资产折旧计算方法的依据。

3. 与各个部门协调，取得固定资产使用情况。

4. 服从生产车间和仓库、管理部门的安排。

【岗前培训】

一、 知识准备

（一） 固定资产折旧概述

企业应当在固定资产的使用寿命内，按照确定的方法对应计折旧额进行系统分摊，根据固定资产的性质和使用情况，合理确定固定资产的使用寿命和预计净残值，固定资产的使用寿命、预计净残值一经确定，不得随意变更，但是，符合《企业会计准则第 4 号——固定资产》第十九条规定的除外。

影响折旧的因素主要有固定资产原价、预计净残值、固定资产减值准备、固定资产的使用寿命。

企业确定固定资产使用寿命时，应当考虑下列因素：

（1）该项资产预计生产能力或实物产量；

（2）该项资产预计有形损耗，如设备使用中发生磨损、房屋建筑物受到自然侵蚀等；

（3）该项资产预计无形损耗，如因新技术的出现而使现有的资产技术水平相对陈旧、市场需求变化使产品过时等；

（4）法律或者类似规定对该项资产使用的限制。

除以下情况外，企业应当对所有固定资产计提折旧：

（1）已提足折旧仍继续使用的固定资产；

（2）单独计价入账的土地。

在确定计提折旧的范围时，还应注意以下几点：

（1）固定资产应当按月计提折旧，当月增加的固定资产，当月不计提折旧，从下月起计提折旧；当月减少的固定资产，当月仍计提折旧，从下月起不计提折旧。

（2）固定资产提足折旧后，不论能否继续使用，均不再计提折旧；提前报废的固定资产，也不再补提折旧。所谓提足折旧，是指已经提足该项固定资产的应计折旧额。

（3）已达到预定可使用状态尚未办理竣工决算的固定资产，应当按照估计价值确定成本，并计提折旧；待办理竣工决算后，再按实际成本调整原来的暂估价值，但不需要调整原已计提的折旧额。

企业至少应当于每年年度终了，对固定资产的使用、预计净残值和折旧方法进行复核，使用寿命预算数与原先估计数有差异的，应当调整固定资产使用寿命。预计净残值预计数与原先估计数有差异的，应当调整预计净残值。与固定资产有关的经济利益预期实现方式有重大改变的，预计净残值和折旧方法的改变应当作为会计估计变更。

（二）固定资产的折旧方法

企业应当根据与固定资产有关的经济利益的预算实现方式，合理选择固定资产折旧方法。可选用的折旧方法包括年限平均法、工作量法、双倍余额递减法和年数总和法等。

（1）年限平均法　年限平均法的计算公式如下：

$$年折旧率=\frac{1-预计净残值率}{预计使用寿命（年）}\times 100\%$$

$$月折旧率=年折旧率/12$$

$$月折旧额=固定资产原价\times 月折旧率$$

（2）工作量法　工作量法的基本计算公式如下：

$$单位工作量折旧额=\frac{固定资产原价\times（1-预计净残值率）}{预计总工作量}$$

$$某项固定资产月折旧额=该项固定资产当月工作量\times 单位工作量折旧额$$

（3）双倍余额递减法　双倍余额递减法的计算公式如下：

$$年折旧率=\frac{2}{预计使用寿命（年）}\times 100\%$$

$$月折旧率=\frac{年折旧率}{12}$$

$$月折旧额=每月月初固定资产账面净值\times 月折旧率$$

双倍余额递减法是指在不考虑固定资产预计净残值的情况下，根据每期期初固定资产原价减去累计折旧后的金额和双倍的直线法折旧率计算固定资产折旧的一种方法。采用双倍余额递减法计提固定资产折旧，一般应在固定资产使用寿命到期前两年内，将固定资产账面净值扣除预计净残值后的净值平均摊销。

（4）年数总和法　年数总和法的计算公式如下：

$$年折旧率=\frac{预计使用寿命-已使用年限}{预计使用寿命\times（预计使用寿命+1）/2}\times 100\%$$

月折旧额=（固定资产原价－ 预计净残值）×月折旧率

（三）固定资产折旧的核算

固定资产应当按月计提折旧，计提的折旧应当记入“累计折旧”科目，并根据用途记入相关资产的成本或者当期损益。企业自行建造固定资产过程中使用的固定资产，其计提的折旧应计入在建工程成本；基本生产车间所使用的固定资产，其计提的折旧应计入制造费用，管理部门所使用的固定资产，其计提的折旧应计入管理费用；销售部门所使用的固定资产，其计提的折旧应计入销售费用；经营租出的固定资产，其应提的折旧额计入其他业务成本。企业计提固定资产折旧时，借记“制造费用”“销售费用”“管理费用”等科目，贷记“累计折旧”科目。

二、 固定资产折旧核算任务

1. 新疆新红有限责任公司有货车 1 辆，采用工作量法计提折旧。原值为 200 000 元，预计使用 10 年，每年行驶里程 60 000 km，净残值率为 5%，当月行使里程 4 000 km，计算该运输车的当月折旧额为多少元。

2. 新疆新红有限责任公司某项固定资产的原值为 100 000 元，预计净残值为 1 000 元，预计使用年限为 4 年。按年限平均法计算第一年的折旧额为多少元。

3. 新疆新红有限责任公司 2017 年 12 月 1 日购入一台设备，入账价值 180 万元，预计使用 5 年，预计净残值 12 万元，按年数总和法计算折旧。计算该设备 2018 年计提的折旧额为多少万元。

4. 新疆新红有限责任公司 2017 年 12 月 31 日购入一台设备，入账价值 45 万元，预计使用年限 5 年，预计净残值 3 万元，按双倍余额递减法计提折旧。计算该设备 2018 年计提的折旧额为多少万元。

【工作程序与方法要求】

工作步骤	工作程序	方法要求
1	编制固定资产折旧计算表、领导审批单。	审查凭证内容：计算准确，付款方式合适，信用可靠，凭证齐全。
2	根据折旧计算表编制计提折旧的记账凭证。	计算准确，会计科目正确，大小写格式正确，合计清楚，责任人填写清楚，编号正确，附件齐全。
3	根据记账凭证登记累计折旧的明细账、总账。	摘要清晰，数字准确，科目正确，方向正确，计算准确。

【关键技术环节师傅指导】

1. 双倍余额递减法、年数总和法的计算。
2. 编制折旧核算的会计分录。

【职业素质培养】

1. 认真计算，细心、严谨、一丝不苟、不做假账。
2. 做事有原则并坚持会计准则。
3. 会计职业分析符合企业实际与会计准则。

【知识能力与技术技能考核评价】

学校：____________ 班级：________ 专业：________ 学徒姓名：________ 日期：______

学徒任务	折旧核算				
自我鉴定（10 分）	职业素养(3)	□优秀 3	□良好 2	□一般 1	□较差 1 以下
	工作态度(3)	□优秀 3	□良好 2	□一般 1	□较差 1 以下
	出勤率(2)	□优秀 2	□良好 1.5	□一般 1	□较差 1 以下
	吃苦耐劳(2)	□优秀 2	□良好 1.5	□一般 1	□较差 1 以下
	得分：	学徒签名：		日期： 年 月 日	
专业技能（40 分）	折旧范围确定(6 分)	□优秀 6	□良好 4	□一般 2	□较差 1
	折旧计算(7 分)	□优秀 7	□良好 5	□一般 3	□较差 1
	会计分录编制(6 分)	□优秀 6	□良好 4	□一般 2	□较差 1
	编制记账凭证(7 分)	□优秀 7	□良好 5	□一般 3	□较差 1
	绘制丁字账(7 分)	□优秀 7	□良好 5	□一般 3	□较差 1
	登记账簿(7 分)	□优秀 7	□良好 5	□一般 3	□较差 1
	得分：	企业师傅签名：		日期： 年 月 日	
学徒关键职业能力及职业品质、工匠精神评价（50 分）	工作态度(7 分)	□优秀 7	□良好 5	□一般 3	□较差 1
	吃苦耐劳(7 分)	□优秀 7	□良好 5	□一般 3	□较差 1
	团队协作(7 分)	□优秀 7	□良好 5	□一般 3	□较差 1
	沟通交流(7 分)	□优秀 7	□良好 5	□一般 3	□较差 1
	学习钻研(7 分)	□优秀 7	□良好 5	□一般 3	□较差 1
	认真负责(7 分)	□优秀 7	□良好 5	□一般 3	□较差 1
	诚实守信(8 分)	□优秀 8	□良好 6	□一般 4	□较差 2
	得分：	企业师傅签名：		日期： 年 月 日	
综合评定	(1)综合得分				
	(2)实习等级	□优秀 100	□良好 80	□一般 60	□较差 60 以下

子任务3　固定资产后续支出

【任务目标与质量要求】

1. 正确区分资本化支出与费用化支出。
2. 编制资本化支出、费用化支出核算的记账凭证。

【学习产出目标】

1. 计算资本化支出和费用化支出。
2. 编制固定资产后续化支出核算的记账凭证。

【岗位准备】

1. 与生产部门、管理部门、后勤部门密切沟通，取得固定资产修理、大修理、改扩建情况等各种资料。
2. 认真细心了解并确定各类固定资产修理的申请。
3. 与各个部门协调，取得固定资产修理情况。
4. 服从生产车间和仓库、管理部门的安排。

【岗前培训】

一、知识准备

（一）固定资产后续支出的内容

固定资产的后续支出是指固定资产在使用过程中发生的更新改造支出、修理费用等。企业的固定资产投入使用后，由于各个组成部分耐用程度不同或者使用的条件不同，因而往往发生固定资产的局部损坏。为了保持固定资产的正常运转和使用，充分发挥其使用效能，就必须对其进行必要的后续支出。

固定资产的更新改造等后续支出，满足固定资产确认条件的，应当计入固定资产成本，如有被替换的部分，应同时将被替换部分的账面价值从该固定资产原账面价值中扣除；不满足固定资产确认条件的固定资产修理费用等，应当在发生时计入当期损益。

在对固定资产发生可资本化的后续支出后，企业应将该固定资产的原价、已计提的累计折旧和减值准备转销，将固定资产的账面价值转入在建工程。固定资产发生的可资本化的后续支出，通过“在建工程”科目核算。在固定资产发生的后续支出完工并达到预定可使用状态时，应在后续支出资本化后的固定资产账面价值不超过其可收回余额的范围内，从“在建工程”科目转入“固定资产”科目。

企业生产车间（部门）和行政管理部门等发生的固定资产修理费用等后续支出，借记“管理费用”科目，贷记“银行存款”等科目；企业发生的与专设销售机构相关的固定资产修理费用等后续支出，借记“销售费用”科目，贷记“银行存款”等科目。

（二）固定资产后续支出的核算

1. 资本化的后续支出

固定资产发生可资本化的后续支出时，企业一般应将该固定资产的原价、已计提的累计折旧和减值准备转销，将固定资产的账面价值转入在建工程，并在此基础上重新确定固定资产原价。因已转入在建工程，因此停止计提折旧。在固定资产发生的后续支出完工并达到预定可使用状态时，再从在建工程转为固定资产，并按重新确定的固定资产原价、使用寿命、预计净残值和折旧方法计提折旧。固定资产发生的可资本化的后续支出，通过“在建工程”科目核算。

企业发生的某些固定资产后续支出可能涉及替换原固定资产的某组成部分，当发生的后续支出符合固定资产确认条件时，应将其计入固定资产成本，同时将被替换部分的账面价值扣除。这样可以避免将替换部分的成本和被替换部分的成本同时计入固定资产成本，导致固定资产成本高计。

2. 固定资产费用化支出

对机器设备的日常修理没有满足固定资产的确认条件，因此，应将该项固定资产后续支出在其发生时计入当期损益，属于生产车间（部门）和行政管理部门等发生的固定资产修理费用等后续支出，应记入“管理费用”科目。

二、固定资产后续支出核算任务

2017 年 1 月 1 日，新疆新红有限责任公司决定对现有生产线进行改扩建，以提高其生产能力。该生产线原值 240 万元，已计提折旧 75 万元。经过三个月的改扩建，完成了对这条生产线的改扩建工程，共发生支出 120 万元，符合固定资产确认条件。被更换部件的原价为 24 万元，更换新部件的价值为 10 万元 。

要求：

（1）编制生产线转入在建工程的会计分录。

（2）编制改扩建的会计分录。

（3）编制替换部件的会计分录。

（4）编制改扩建完毕转入固定资产的会计分录。

【工作程序与方法要求】

工作步骤	工作程序	方法要求
1	收集固定资产资本化支出与费用化支出的各种凭证，如出库单、领导审批单、付款单。	审查凭证内容：计算准确，付款方式合适，信用可靠，凭证齐全。
2	根据后续化支出原始凭证编制后续化支出的记账凭证。	计算准确，会计科目正确，大小写格式正确，合计清楚，责任人填写清楚，编号正确，附件齐全。
3	根据记账凭证登记费用和在建工程的明细账、总账。	摘要清晰，数字准确，科目正确，方向正确，计算准确。

【关键技术环节师傅指导】

1. 资本化支出与费用化支出的判断，资本化支出的计算。
2. 编制资本化支出会计分录。

【职业素质培养】

1. 认真计算，细心、严谨、一丝不苟、不做假账。
2. 做事有原则并坚持会计准则。
3. 会计职业分析符合企业实际与会计准则。

【知识能力与技术技能考核评价】

学校：＿＿＿＿＿＿　班级：＿＿＿＿　专业：＿＿＿＿　学徒姓名：＿＿＿＿　日期：＿＿＿

学徒任务	固定资产后续支出核算				
自我鉴定（10分）	职业素养(3)	□优秀 3	□良好 2	□一般 1	□较差 1 以下
	工作态度(3)	□优秀 3	□良好 2	□一般 1	□较差 1 以下
	出勤率(2)	□优秀 2	□良好 1.5	□一般 1	□较差 1 以下
	吃苦耐劳(2)	□优秀 2	□良好 1.5	□一般 1	□较差 1 以下
	得分：	学徒签名：		日期：　年　月　日	
专业技能（40分）	后续支出种类判定（6分）	□优秀 6	□良好 4	□一般 2	□较差 1
	后续支出计算（7分）	□优秀 7	□良好 5	□一般 3	□较差 1
	会计分录编制（6分）	□优秀 6	□良好 4	□一般 2	□较差 1
	编制记账凭证（7分）	□优秀 7	□良好 5	□一般 3	□较差 1
	绘制丁字账（7分）	□优秀 7	□良好 5	□一般 3	□较差 1
	登记账簿（7分）	□优秀 7	□良好 5	□一般 3	□较差 1
	得分：	企业师傅签名：		日期：　年　月　日	

续表

学徒任务	固定资产后续支出核算				
学徒关键职业能力及职业品质、工匠精神评价(50分)	工作态度(7分)	□优秀7	□良好5	□一般3	□较差1
	吃苦耐劳(7分)	□优秀7	□良好5	□一般3	□较差1
	团队协作(7分)	□优秀7	□良好5	□一般3	□较差1
	沟通交流(7分)	□优秀7	□良好5	□一般3	□较差1
	学习钻研(7分)	□优秀7	□良好5	□一般3	□较差1
	认真负责(7分)	□优秀7	□良好5	□一般3	□较差1
	诚实守信(8分)	□优秀8	□良好6	□一般4	□较差2
	得分：	企业师傅签名：		日期： 年 月 日	
综合评定	(1)综合得分				
	(2)实习等级	□优秀100	□良好80	□一般60	□较差60以下

子任务4 固定资产处置

【任务目标与质量要求】

1. 计算固定资产处置的损益。
2. 编制固定资产处置核算的记账凭证。

【学习产出目标】

1. 计算固定资产处置的损益。
2. 编制固定资产处置核算的记账凭证。

【岗位准备】

1. 与生产部门、管理部门、后勤部门密切沟通，取得固定资产报废、毁损、出售等情况的各种资料。

2. 认真细心了解并确定各类固定资产报废、毁损、出售等。

3. 与各个部门沟通，取得固定资产处置情况。

4. 服从生产车间和仓库、管理部门的安排。

【岗前培训】

一、知识准备

企业在生产经营过程中，可能将不适用或不需用的固定资产对外出售转让，或因磨损、技术进步等原因对固定资产进行报废，或因遭受自然灾害而对毁损的固定资产进行处理。对于上述事项在进行会计核算时，应按规定程序办理有关手续，结转固定资产的账面价值，计算有关的清理收入、清理费用及残料价值等。

固定资产处置包括固定资产的出售、报废、毁损、对外投资、非货币性资产交换、债务重组等。处置固定资产应通过“固定资产清理”科目核算。具体包括以下几个环节：

（1）固定资产转入清理。企业因出售、报废、毁损、对外投资、非货币性资产交换、债务重组等转出的固定资产，按该项固定资产的账面价值，借记“固定资产清理”科目，按已计提的累计折旧，借记“累计折旧”科目，按已计提的减值准备，借记“固定资产减值准备”科目，按其账面原价，贷记“固定资产”科目。

（2）发生的清理费用等。固定资产清理过程中发生的费用，借记“固定资产清理”科目，贷记“银行存款”科目。

（3）收回出售固定资产的价款、残料价值和变价收入等，借记“银行存款”“原材料”等科目，贷记“固定资产清理”“应交税费——应交增值税”等科目。

（4）保险赔偿等的处理。应由保险公司或过失人赔偿的损失，借记“其他应收款”等科目，贷记“固定资产清理”科目。

（5）清理净损益的处理。固定资产清理完成后，属于生产经营期间正常的处理损失，借记“营业外支出——处置非流动资产损失”科目，贷记“固定资产清理”科目；属于自然灾害等非正常原因造成的损失，借记“营业外支出——非常损失”科目，贷记“固定资产清理”科目。如为贷方余额，借记“固定资产清理”科目，贷记“营业外收入”科目。

二、固定资产处置核算任务

新红有限责任公司购置了一套需要安装的生产线。与该生产线有关的业务如下：

（1）2017 年 9 月 30 日，为购建该生产线从建设银行专门借入资金 1 000 000 元，并存入银行。该借款期限为 2 年，年利率为 9.6%，到期一次还本付息，不计复利。

（2）2017 年 9 月 30 日，用上述借款购入待安装的生产线。增值税专用发票上注明的买价为 800 000 万元，增值税额为 136 000 元。另支付保险费及其他杂项费用 64 000 元。该待安装生产线交付本公司安装部门安装。

(3) 安装生产线时，领用本公司产品一批。该批产品实际成本为 80 000 元，税务部门核定的计税价格为 160 000 元，适用的增值税税率为 17%。

(4) 安装工程人员应计工资 36 000 元，用银行存款支付其他安装费用 32 800 元。

(5) 2017 年 12 月 31 日，安装工程结束，并随即投入行政管理部门使用。该生产线预计使用年限为 5 年，采用双倍余额递减法计提折旧（预计净残值率为 5%）。

(6) 2019 年 12 月 31 日，公司将该生产线出售。出售时用银行存款支付清理费用 60 000 元，出售所得款项 1 000 000 元全部存入银行。于当日清理完毕。假定固定资产按年计提折旧，借款利息每年年末一次计息。假定资产达到预定可使用状态前的利息都计入工程成本。

要求：

(1) 编制公司 2017 年度借款、购建生产线及年末计提利息的会计分录。

(2) 编制公司 2018 年度计提折旧和利息的会计分录。

(3) 编制公司 2019 年度计提折旧及出售该生产线相关的会计分录（“应交税费”科目要求写出明细科目）。

【工作程序与方法要求】

工作步骤	工作程序	方法要求
1	编制固定资产处置的各种凭证，如销售单、收款单。	审查凭证内容：计算准确，付款方式合适，信用可靠，凭证齐全。
2	根据固定资产处置原始凭证编制记账凭证。	计算准确，会计科目正确，大小写格式正确，合计清楚，责任人填写清楚，编号正确，附件齐全。
3	根据记账凭证登记固定资产清理的明细账、总账。	摘要清晰，数字准确，科目正确，方向正确，计算准确。

【关键技术环节师傅指导】

1. 固定资产折旧、出售损益的计算。
2. 编制固定资产处置会计分录。

【职业素质培养】

1. 认真计算，细心，严谨，一丝不苟，不做假账。
2. 做事有原则并坚持会计准则。
3. 会计职业分析符合企业实际与会计准则。

【知识能力与技术技能考核评价】

学校：______________ 班级：________ 专业：________ 学徒姓名：________ 日期：______

学徒任务	固定资产处置核算				
自我鉴定（10分）	职业素养(3)	□优秀 3	□良好 2	□一般 1	□较差 1 以下
	工作态度(3)	□优秀 3	□良好 2	□一般 1	□较差 1 以下
	出勤率(2)	□优秀 2	□良好 1.5	□一般 1	□较差 1 以下
	吃苦耐劳(2)	□优秀 2	□良好 1.5	□一般 1	□较差 1 以下
	得分：	学徒签名：		日期： 年 月 日	
专业技能（40分）	固定资产处置步骤（6分）	□优秀 6	□良好 4	□一般 2	□较差 1
	固定资产处置计算（7分）	□优秀 7	□良好 5	□一般 3	□较差 1
	会计分录编制(6分)	□优秀 6	□良好 4	□一般 2	□较差 1
	编制记账凭证(7分)	□优秀 7	□良好 5	□一般 3	□较差 1
	绘制丁字账(7分)	□优秀 7	□良好 5	□一般 3	□较差 1
	登记账簿(7分)	□优秀 7	□良好 5	□一般 3	□较差 1
	得分：	企业师傅签名：		日期： 年 月 日	
学徒关键职业能力及职业品质、工匠精神评价（50分）	工作态度(7分)	□优秀 7	□良好 5	□一般 3	□较差 1
	吃苦耐劳(7分)	□优秀 7	□良好 5	□一般 3	□较差 1
	团队协作(7分)	□优秀 7	□良好 5	□一般 3	□较差 1
	沟通交流(7分)	□优秀 7	□良好 5	□一般 3	□较差 1
	学习钻研(7分)	□优秀 7	□良好 5	□一般 3	□较差 1
	认真负责(7分)	□优秀 7	□良好 5	□一般 3	□较差 1
	诚实守信(8分)	□优秀 8	□良好 6	□一般 4	□较差 2
	得分：	企业师傅签名：		日期： 年 月 日	
综合评定	(1)综合得分				
	(2)实习等级	□优秀 100	□良好 80	□一般 60	□较差 60 以下

子任务 5 固定资产清查

【任务目标与质量要求】

1. 确定固定资产清查方法与计算固定资产盘盈盘亏。
2. 编制固定资产清查核算的会计分录。

【学习产出目标】

1. 制订固定资产盘点计划，编制固定资产盘点表。

2. 编制固定资产清查核算的记账凭证。

【岗位准备】

1. 与生产部门、管理部门、后勤部门密切沟通，取得固定资产清查方法等各种资料。

2. 认真细心了解并确定各类固定资产清查计划、步骤。

3. 与各个部门沟通，取得固定资产清查时间情况。

4. 协调生产车间和仓库、管理部门。

【岗前培训】

一、知识准备

企业应定期或者至少于每年年末对固定资产进行清查盘点，以保证固定资产核算的真实性，充分挖掘企业现有固定资产的潜力。在固定资产清查过程中，如果发现盘盈、盘亏的固定资产，应填制固定资产盘盈盘亏报告表。清查固定资产的损益，应及时查明原因，并按照规定程序报批处理。

1. 固定资产盘盈

企业在财产清查中盘盈的固定资产，作为前期差错处理。企业在财产清查中盘盈的固定资产，在按管理权限报经批准处理前应先通过“以前年度损益调整”科目核算。盘盈的固定资产，应按以下规定确定其入账价值：如果同类或类似固定资产存在活跃市场的，按同类或类似固定资产的市场价格，减去按该项资产的新旧程度估计的价值损耗后的余额，作为入账价值；如果同类或类似固定资产不存在活跃市场的，按该项固定资产的预计未来现金流量的现值，作为入账价值。企业应按上述规定确定的入账价值，借记“固定资产”科目，贷记“以前年度损益调整”科目。

2. 固定资产盘亏

企业在财产清查中盘亏的固定资产，按盘亏固定资产的账面价值，借记“待处理财产损益”科目，按已计提的累计折旧，借记“累计折旧”科目，按已计提的减值准备，借记“固定资产减值准备”科目，按固定资产的原价，贷记“固定资产”科目。按管理权限报经批准后处理时，按可收回的保险赔偿或过失人赔偿，借记“其他应收款”科目，按应计入营业外支出的金额，借记“营业外支出——盘亏损失”科目，贷记“待处理财产损益”科目。

二、固定资产清查核算任务

1. 新疆新红有限责任公司在财产清查过程中，发现一台未入账的设备，按同类或类似商品市场价格，减去按该项资产的新旧程度估计的价值损耗后的余额为30 000元（假定与其计税基础不存在差异）。根据《企业会计准则第28号——会计政策、会计估计变更和差错更正》规定，该盘盈固定资产作为前期差错进行处理。假定该公司适用的所得税税率为25%，按净利润的10%计提法定盈余公积。

要求：编制盘盈固定资产的会计分录。

2. 新疆新红有限责任公司进行财产清查时发现短缺一台笔记本电脑，原价为10 000元，已计提折旧7 000元。请编制该公司盘亏固定资产的会计分录。

要求：编制固定资产清查的会计分录。

【工作程序与方法要求】

工作步骤	工作程序	方法要求
1	编制固定资产盘点的各种凭证，如盘点表、领导审批表。	审查凭证内容：计算准确，付款方式合适，信用可靠，凭证齐全。
2	根据固定资产盘点表等原始凭证编制记账凭证。	会计科目正确，金额计算准确，方向正确。大小写格式正确，合计清楚，责任人填写清楚，编号正确，附件齐全。
3	根据记账凭证登记固定资产清理的明细账、总账。	摘要清晰，科目正确，数字准确，方向正确，计算准确。

【关键技术环节师傅指导】

1. 固定资产清查的计算。
2. 编制固定资产盘盈盘亏的会计分录。

【职业素质培养】

1. 认真计算，细心，严谨。
2. 会计职业判断与职业分析。
3. 协调沟通协作能力。

【知识能力与技术技能考核评价】

学校：______ 班级：______ 专业：______ 学徒姓名：______ 日期：______

学徒任务	固定资产清查核算				
自我鉴定（10分）	职业素养(3)	□优秀 3	□良好 2	□一般 1	□较差 1 以下
	工作态度(3)	□优秀 3	□良好 2	□一般 1	□较差 1 以下
	出勤率(2)	□优秀 2	□良好 1.5	□一般 1	□较差 1 以下
	吃苦耐劳(2)	□优秀 2	□良好 1.5	□一般 1	□较差 1 以下
	得分：	学徒签名：		日期： 年 月 日	
专业技能（40分）	固定资产清查方法确定(6分)	□优秀 6	□良好 4	□一般 2	□较差 1
	固定资产清查计算（7分）	□优秀 7	□良好 5	□一般 3	□较差 1
	会计分录编制(6分)	□优秀 6	□良好 4	□一般 2	□较差 1
	编制记账凭证(7分)	□优秀 7	□良好 5	□一般 3	□较差 1
	绘制丁字账(7分)	□优秀 7	□良好 5	□一般 3	□较差 1
	登记账簿(7分)	□优秀 7	□良好 5	□一般 3	□较差 1
	得分：	企业师傅签名：		日期： 年 月 日	
学徒关键职业能力及职业品质、工匠精神评价（50分）	工作态度(7分)	□优秀 7	□良好 5	□一般 3	□较差 1
	吃苦耐劳(7分)	□优秀 7	□良好 5	□一般 3	□较差 1
	团队协作(7分)	□优秀 7	□良好 5	□一般 3	□较差 1
	沟通交流(7分)	□优秀 7	□良好 5	□一般 3	□较差 1
	学习钻研(7分)	□优秀 7	□良好 5	□一般 3	□较差 1
	认真负责(7分)	□优秀 7	□良好 5	□一般 3	□较差 1
	诚实守信(8分)	□优秀 8	□良好 6	□一般 4	□较差 2
	得分：	企业师傅签名：		日期： 年 月 日	
综合评定	(1)综合得分				
	(2)实习等级	□优秀 100	□良好 80	□一般 60	□较差 60 以下

子任务6　固定资产减值

【任务目标与质量要求】

1. 判断并计算固定资产减值准备。
2. 编制固定资产减值准备的会计分录。

【学习产出目标】

1. 计算固定资产减值准备。

2. 编制固定资产减值准备的记账凭证。

【岗位准备】

1. 与生产部门、管理部门、后勤部门密切沟通，取得固定资产的公允价值、现值、税金等各种资料。

2. 认真细心了解并确定各类固定资产减值迹象。

3. 与各个部门沟通，取得固定资产减值的条件。

4. 与生产车间和仓库、管理部门协调。

【岗前培训】

一、知识准备

固定资产在资产负债表日存在可能发生减值的迹象时，其可收回金额低于账面价值的，企业应当将该固定资产的账面价值减记至可收回金额，减记的金额确认为减值损失，计入当期损益，同时计提相应的资产减值准备，借记“资产减值损失——计提的固定资产减值准备”科目，贷记“固定资产减值准备”科目。固定资产减值损失一经确认，在以后会计期间不得转回。

二、固定资产减值核算任务

2017 年 12 月 31 日，新疆新红有限责任公司的某生产线存在可能发生减值的迹象：经计算，该机器的可收回金额合计为 1 230 000 元，账面价值为 1 400 000 元，以前年度未对该生产线计提过减值准备。

（1）计算计提的减值准备。

（2）编制计提减值准备的会计分录。

【工作程序与方法要求】

工作步骤	工作程序	方法要求
1	判断固定资产减值迹象，计算固定资产成本和可收回金额。	计算准确、判断正确。
2	根据计算的固定资产减值准备编制记账凭证。	会计科目正确，金额计算准确，方向正确。大小写格式正确，合计清楚，责任人填写清楚，编号正确，附件齐全。
3	根据记账凭证登记固定资产减值准备的明细账、总账。	摘要清晰，科目正确，数字准确，方向正确，计算准确。

【关键技术环节师傅指导】

1. 固定资产账面价值、现值、未来可收回金额、减值准备的计算。
2. 编制固定资产减值的会计分录。

【职业素质培养】

1. 认真计算，细心，严谨。
2. 会计职业判断与职业分析。
3. 协调沟通协作能力。

【知识能力与技术技能考核评价】

学校：______________ 班级：________ 专业：________ 学徒姓名：________ 日期：______

学徒任务	固定资产减值核算				
自我鉴定（10分）	职业素养(3)	□优秀 3	□良好 2	□一般 1	□较差 1 以下
	工作态度(3)	□优秀 3	□良好 2	□一般 1	□较差 1 以下
	出勤率(2)	□优秀 2	□良好 1.5	□一般 1	□较差 1 以下
	吃苦耐劳(2)	□优秀 2	□良好 1.5	□一般 1	□较差 1 以下
	得分：	学徒签名：		日期： 年 月 日	
专业技能（40分）	固定资产减值判断（6分）	□优秀 6	□良好 4	□一般 2	□较差 1
	固定资产减值计算（7分）	□优秀 7	□良好 5	□一般 3	□较差 1
	会计分录编制(6分)	□优秀 6	□良好 4	□一般 2	□较差 1
	编制记账凭证(7分)	□优秀 7	□良好 5	□一般 3	□较差 1
	绘制丁字账(7分)	□优秀 7	□良好 5	□一般 3	□较差 1
	登记账簿(7分)	□优秀 7	□良好 5	□一般 3	□较差 1
	得分：	企业师傅签名：		日期： 年 月 日	

续表

学徒任务	固定资产减值核算				
学徒关键职业能力及职业品质、工匠精神评价(50分)	工作态度(7分)	□优秀 7	□良好 5	□一般 3	□较差 1
	吃苦耐劳(7分)	□优秀 7	□良好 5	□一般 3	□较差 1
	团队协作(7分)	□优秀 7	□良好 5	□一般 3	□较差 1
	沟通交流(7分)	□优秀 7	□良好 5	□一般 3	□较差 1
	学习钻研(7分)	□优秀 7	□良好 5	□一般 3	□较差 1
	认真负责(7分)	□优秀 7	□良好 5	□一般 3	□较差 1
	诚实守信(8分)	□优秀 8	□良好 6	□一般 4	□较差 2
	得分:	企业师傅签名:		日期: 年 月 日	
综合评定	(1)综合得分				
	(2)实习等级	□优秀 100	□良好 80	□一般 60	□较差 60 以下

任务三　无形资产

子任务 1　无形资产取得的核算

【任务目标与质量要求】

1. 计算外购和自行研发无形资产的成本。
2. 编制外购、自行研究开发无形资产的会计分录。

【学习产出目标】

编制外购和自行研究开发无形资产的记账凭证。

【岗位准备】

1. 与生产部门、管理部门、后勤部门密切沟通，取得无形资产的各种资料。
2. 认真细心了解并确定各类无形资产的内容、取得方式等。
3. 与各个部门沟通，了解无形资产的用途及其取得原因。
4. 与生产车间和仓库、管理部门的协调。

【岗前培训】

一、知识准备

（一）无形资产的概念和特征

1. 无形资产的概念

无形资产是指企业拥有或者控制的没有实物形态的可辨认非货币性资产。

2. 无形资产的特征

无形资产具有三个主要特征：

一是不具有实物形态。无形资产是不具有实物形态的非货币性资产，它不像固定资产、存货等有形资产具有实物形体。

二是具有可辨认性。资产满足下列条件之一的，符合无形资产定义中的可辨认性标准：

(1) 能够从企业中分离或者划分出来，并能单独或者与相关合同、资产或负债一起，用于出售、转移、授予许可、租赁或者交换。

(2) 源自合同性权利或其他法定权利，无论这些权利是否可以从企业或其他权利和义务中转移或者分离。

商誉的存在无法与企业自身分离，不具有可辨认性，不在本节规范。

三是属于非货币性长期资产。无形资产属于非货币性资产且能够在多个会计期间为企业带来经济利益。无形资产的使用年限在一年以上，其价值将在各个受益期间逐渐摊销。

（二）无形资产的内容

无形资产主要包括专利权、非专利技术、商标权、著作权、土地使用权、特许权等。

（三）无形资产核算应设置的会计科目

企业应当设置“无形资产”“累计摊销”“无形资产减值准备”等科目。

（四）无形资产取得的核算

无形资产应当按照成本进行初始计量。企业取得无形资产的主要方式有外购、自行研究开发等。取得的方式不同，其会计处理也有所差别。

1. 外购无形资产

外购无形资产的成本包括购买价款、相关税费以及直接归属于使该项资产达到预定用途所发生的其他支出。

2. 自行研究开发无形资产

企业内部研究开发项目所发生的支出应区分研究阶段支出和开发阶段支出，企业自行开发无形资产发生的研发支出，不满足资本化条件的，借记“研发支出——费用化支出”科目，满足资本化条件的，借记“研发支出——资本化支出”科目，贷记“原材料”“银行存款”“应付职工薪酬”等科目。研究开发项目达到预定用途形成无形资产的，应按“研发支出——资本化支出”科目的余额，借记“无形资产”科目，贷记“研发支出——资本化支出”科目。期（月）末，应将“研发支出——费用化支出”科目归集的金额转入“管理费用”科目，借记“管理费用”科目，贷记“研发支出——费用化支出”科目。

二、 无形资产取得的核算任务

1. 新疆新红有限责任公司2018年1月1日以银行存款400 000元购入一项专利权。该专利权法定的有效期为10年。

要求： 编制该项专利权购入的会计分录。

2. 新疆新红有限责任公司自行研究开发一项技术，截至2017年12月31日，发生研发支出合计2 000 000元，经测试该项研发活动完成了研究阶段，从2018年1月1日开始进入开发阶段，2018年发生研发支出300 000元，假定符合《企业会计准则第6号——无形资产》规定的开发支出资本化的条件。2018年6月30日，该项研发活动结束，最终开发出一项非专利技术。

要求：

（1）请编制2017年12月31日研发支出的会计分录。

（2）请编制2018年6月30日研发支出的会计分录。

（3）请编制2018年6月30日无形资产的会计分录。

【工作程序与方法要求】

工作步骤	工作程序	方法要求
1	收集无形资产取得的各种原始凭证，如增值税专用发票或普通发票、验收单、付款凭证、领导审批单。	审查凭证内容：计算准确，付款方式合适，信用可靠，凭证齐全。
2	根据无形资产取得的原始凭证编制记账凭证。	会计科目正确，金额计算准确，方向正确。大小写格式正确，合计清楚，责任人填写清楚，编号正确，附件齐全。
3	根据记账凭证登记无形资产的明细账、总账。	摘要清晰，科目正确，数字准确，方向正确，计算准确。

【关键技术环节师傅指导】

1. 外购与研发支出形成无形资产成本的计算。
2. 编制外购与研发支出形成无形资产的会计分录。

【职业素质培养】

1. 认真计算，细心，严谨。
2. 会计职业判断与职业分析。
3. 协调沟通协作能力。

【知识能力与技术技能考核评价】

学校：______________ 班级：________ 专业：________ 学徒姓名：________ 日期：______

学徒任务	无形资产取得核算				
自我鉴定（10 分）	职业素养(3)	□优秀 3	□良好 2	□一般 1	□较差 1 以下
	工作态度(3)	□优秀 3	□良好 2	□一般 1	□较差 1 以下
	出勤率(2)	□优秀 2	□良好 1.5	□一般 1	□较差 1 以下
	吃苦耐劳(2)	□优秀 2	□良好 1.5	□一般 1	□较差 1 以下
	得分：	学徒签名：		日期： 年 月 日	
专业技能（40 分）	无形资产内容判断（6 分）	□优秀 6	□良好 4	□一般 2	□较差 1
	无形资产成本计算（7 分）	□优秀 7	□良好 5	□一般 3	□较差 1
	会计分录编制(6 分)	□优秀 6	□良好 4	□一般 2	□较差 1
	编制记账凭证(7 分)	□优秀 7	□良好 5	□一般 3	□较差 1
	绘制丁字账(7 分)	□优秀 7	□良好 5	□一般 3	□较差 1
	登记账簿(7 分)	□优秀 7	□良好 5	□一般 3	□较差 1
	得分：	企业师傅签名：		日期： 年 月 日	
学徒关键职业能力及职业品质、工匠精神评价（50 分）	工作态度(7 分)	□优秀 7	□良好 5	□一般 3	□较差 1
	吃苦耐劳(7 分)	□优秀 7	□良好 5	□一般 3	□较差 1
	团队协作(7 分)	□优秀 7	□良好 5	□一般 3	□较差 1
	沟通交流(7 分)	□优秀 7	□良好 5	□一般 3	□较差 1
	学习钻研(7 分)	□优秀 7	□良好 5	□一般 3	□较差 1
	认真负责(7 分)	□优秀 7	□良好 5	□一般 3	□较差 1
	诚实守信(8 分)	□优秀 8	□良好 6	□一般 4	□较差 2
	得分：	企业师傅签名：		日期： 年 月 日	
综合评定	(1)综合得分				
	(2)实习等级	□优秀 100	□良好 80	□一般 60	□较差 60 以下

子任务2　无形资产摊销

【任务目标与质量要求】

1. 计算无形资产的摊销。
2. 编制无形资产摊销的记账凭证。

【学习产出目标】

编制无形资产摊销的记账凭证。

【岗位准备】

1. 与生产部门、管理部门、后勤部门密切沟通，取得无形资产摊销等各种资料。
2. 认真细心了解并确定各类无形资产摊销的方式等。
3. 与各个部门沟通，取得无形资产的使用情况。
4. 与生产车间和仓库、管理部门的协调。

【岗前培训】

一、知识准备

1. 无形资产摊销的分类

企业应当于取得无形资产时分析判断其使用寿命。使用寿命有限的无形资产应进行摊销。使用寿命不确定的无形资产不应摊销。使用寿命有限的无形资产，其残值应当视为零。对于使用寿命有限的无形资产应自可供使用（即其达到预定用途）当月起开始摊销，处置当月不再摊销。

无形资产摊销方法包括直线法、生产总量法等。企业选择的无形资产摊销方法，应当反映与该项无形资产有关的经济利益的预期实现方式。无法可靠确定预期实现方式的，应当采用直线法摊销。

2. 无形资产摊销的核算

企业应当按月对无形资产进行摊销，无形资产的摊销额一般应当记入当期损益，企业自用的无形资产，其摊销金额计入管理费用；出租的无形资产，其摊销金额计入其他业务成本；某项无形资产包含的经济利益是通过所生产的产品或其他资产实现的，其摊销金额应当计入相关资产成本。

二、 无形资产摊销核算任务

1. 新疆新红有限责任公司 2018 年 1 月 1 日以银行存款 400 000 元购入一项专利权。该专利权法定的有效期为 10 年。

要求：编制该项专利权购入、摊销的会计分录。

2. 新疆新红有限责任公司自行研究开发一项专利技术，与该项专利技术有关的资料如下：

(1) 2018 年 1 月，该项研发活动进入开发阶段，以银行存款支付的开发费用 280 万元，其中满足资本化条件的为 150 万元。2018 年 7 月 1 日，开发活动结束，并按法律程序申请取得专利权，供企业行政管理部门使用。

(2) 该项专利权法律规定有效期为 5 年，采用直线法摊销。

要求：

(1) 编制公司发生开发支出的会计分录。

(2) 编制公司转销费用支出的会计分录。

(3) 编制公司形成专利权的会计分录。

(4) 计算公司 2018 年 7 月专利权摊销金额并编制会计分录。

【工作程序与方法要求】

工作步骤	工作程序	方法要求
1	收集无形资产使用寿命的合同、法律文书、领导审批单。	审查凭证内容：计算准确，付款方式合适，信用可靠，凭证齐全。
2	根据无形资产合同等原始凭证编制记账凭证。	会计科目正确，金额计算准确，方向正确。大小写格式正确，合计清楚，责任人填写清楚，编号正确，附件齐全。
3	根据记账凭证登记累计摊销的明细账、总账。	摘要清晰，科目正确，数字准确，方向正确，计算准确。

【关键技术环节师傅指导】

1. 无形资产摊销的确定与计算。
2. 编制无形资产摊销的会计分录。

【职业素质培养】

1. 认真计算，细心，严谨。
2. 会计职业判断与职业分析。

3. 协调沟通协作能力。

【知识能力与技术技能考核评价】

学校：______________ 班级：________ 专业：________ 学徒姓名：________ 日期：______

学徒任务	无形资产摊销核算				
自我鉴定（10 分）	职业素养(3)	□优秀 3	□良好 2	□一般 1	□较差 1 以下
	工作态度(3)	□优秀 3	□良好 2	□一般 1	□较差 1 以下
	出勤率(2)	□优秀 2	□良好 1.5	□一般 1	□较差 1 以下
	吃苦耐劳(2)	□优秀 2	□良好 1.5	□一般 1	□较差 1 以下
	得分：	学徒签名：		日期： 年 月 日	
专业技能（40 分）	无形资产摊销年限确定(6 分)	□优秀 6	□良好 4	□一般 2	□较差 1
	无形资产摊销计算(7 分)	□优秀 7	□良好 5	□一般 3	□较差 1
	会计分录编制(6 分)	□优秀 6	□良好 4	□一般 2	□较差 1
	编制记账凭证(7 分)	□优秀 7	□良好 5	□一般 3	□较差 1
	绘制丁字账(7 分)	□优秀 7	□良好 5	□一般 3	□较差 1
	登记账簿(7 分)	□优秀 7	□良好 5	□一般 3	□较差 1
	得分：	企业师傅签名：		日期： 年 月 日	
学徒关键职业能力及职业品质、工匠精神评价（50 分）	工作态度(7 分)	□优秀 7	□良好 5	□一般 3	□较差 1
	吃苦耐劳(7 分)	□优秀 7	□良好 5	□一般 3	□较差 1
	团队协作(7 分)	□优秀 7	□良好 5	□一般 3	□较差 1
	沟通交流(7 分)	□优秀 7	□良好 5	□一般 3	□较差 1
	学习钻研(7 分)	□优秀 7	□良好 5	□一般 3	□较差 1
	认真负责(7 分)	□优秀 7	□良好 5	□一般 3	□较差 1
	诚实守信(8 分)	□优秀 8	□良好 6	□一般 4	□较差 2
	得分：	企业师傅签名：		日期： 年 月 日	
综合评定	(1)综合得分				
	(2)实习等级	□优秀 100	□良好 80	□一般 60	□较差 60 以下

子任务 3 无形资产减值

【任务目标与质量要求】

1. 无形资产减值的判断。
2. 计算无形资产减值。

3. 编制无形资产减值的会计分录。

【学习产出目标】

1. 计算无形资产减值。
2. 编制无形资产减值的记账凭证。

【岗位准备】

1. 与生产部门、管理部门、后勤部门密切沟通，取得无形资产减值等各种资料。
2. 认真细心了解并确定各类无形资产减值的迹象等。
3. 与各个部门沟通，取得无形资产减值的成本数据。
4. 与生产车间和仓库、管理部门的协调。

【岗前培训】

一、知识准备

无形资产减值的核算

无形资产在资产负债表日存在可能发生减值的迹象时，其可收回金额低于账面价值的，企业应当将该无形资产的账面价值减记至可收回金额，减记的金额确认为减值损失，计入当期损益，同时计提相应的资产减值准备，按应减记的金额，借记“资产减值损失——计提的无形资产减值准备”科目，贷记“无形资产减值准备”科目。无形资产减值损失一经确认，在以后会计期间不得转回。

二、无形资产减值核算任务

新疆新红有限责任公司 2013—2018 年与无形资产业务有关的资料如下：

(1) 2013 年 11 月 12 日，以银行存款 450 万元购入一项无形资产，其中相关税费 6 万元，于当日达到预定用途并交付企业管理部门使用。该无形资产的预计使用年限为 10 年，净残值为零，采用直线法摊销。

(2) 2016 年 12 月 31 日，预计该无形资产的可收回金额为 205 万元。该无形资产发生减值后，原摊销方法、预计使用年限不变。

(3) 2017 年 12 月 31 日，预计该无形资产的可收回金额为 100 万元，计提无形资产减值准备后，原摊销方法不变，预计尚可使用年限为 5 年。

要求：

(1) 编制 2013 年 11 月 12 日购入该无形资产的会计分录；

(2) 编制 2013 年 12 月 31 日计提无形资产摊销额的会计分录；

（3）计算并编制2016年12月31日计提的无形资产减值准备的会计分录；

（4）计算并编制2017年12月31日有关的会计分录。（答案以万元为单位）

【工作程序与方法要求】

工作步骤	工作程序	方法要求
1	收集无形资产减值的成本与可收回金额，计算现值，计算减值准备。	审查凭证内容：计算准确，付款方式合适，信用可靠，凭证齐全。
2	根据计算的减值准备编制记账凭证。	会计科目正确，金额计算准确，方向正确。大小写格式正确，合计清楚，责任人填写清楚，编号正确，附件齐全。
3	根据记账凭证登记减值准备的总账。	摘要清晰，科目正确，数字准确，方向正确，计算准确。

【关键技术环节师傅指导】

1. 无形资产减值迹象的判断与无形资产账面价值、可收回金额、减值准备的计算。

2. 编制无形资产减值的会计分录。

【职业素质培养】

1. 认真计算，细心，严谨。

2. 会计职业判断与职业分析。

3. 协调沟通协作能力。

【知识能力与技术技能考核评价】

学校：__________ 班级：________ 专业：________ 学徒姓名：________ 日期：______

学徒任务	无形资产减值核算				
自我鉴定（10分）	职业素养(3)	□优秀3	□良好2	□一般1	□较差1以下
	工作态度(3)	□优秀3	□良好2	□一般1	□较差1以下
	出勤率(2)	□优秀2	□良好1.5	□一般1	□较差1以下
	吃苦耐劳(2)	□优秀2	□良好1.5	□一般1	□较差1以下
	得分：		学徒签名：	日期： 年 月 日	

续表

学徒任务	无形资产减值核算				
专业技能（40分）	无形资产减值迹象判断(6分)	□优秀 6	□良好 4	□一般 2	□较差 1
	无形资产减值计算(7分)	□优秀 7	□良好 5	□一般 3	□较差 1
	会计分录编制(6分)	□优秀 6	□良好 4	□一般 2	□较差 1
	编制记账凭证(7分)	□优秀 7	□良好 5	□一般 3	□较差 1
	绘制丁字账(7分)	□优秀 7	□良好 5	□一般 3	□较差 1
	登记账簿(7分)	□优秀 7	□良好 5	□一般 3	□较差 1
	得分：	企业师傅签名：		日期：　年　月　日	
学徒关键职业能力及职业品质、工匠精神评价（50分）	工作态度(7分)	□优秀 7	□良好 5	□一般 3	□较差 1
	吃苦耐劳(7分)	□优秀 7	□良好 5	□一般 3	□较差 1
	团队协作(7分)	□优秀 7	□良好 5	□一般 3	□较差 1
	沟通交流(7分)	□优秀 7	□良好 5	□一般 3	□较差 1
	学习钻研(7分)	□优秀 7	□良好 5	□一般 3	□较差 1
	认真负责(7分)	□优秀 7	□良好 5	□一般 3	□较差 1
	诚实守信(8分)	□优秀 8	□良好 6	□一般 4	□较差 2
	得分：	企业师傅签名：		日期：　年　月　日	
综合评定	(1)综合得分				
	(2)实习等级	□优秀 100	□良好 80	□一般 60	□较差 60 以下

子任务 4　无形资产处置

【任务目标与质量要求】

1. 计算无形资产处置损益。
2. 编制无形资产处置的会计分录。

【学习产出目标】

编制无形资产处置的记账凭证。

【岗位准备】

1. 与合同管理部门密切合作，取得无形资产处置各种资料和合同。
2. 认真细心，坚持企业处置无形资产的原则。

3. 与企业各个部门密切协调，取得无形资产处置等各种凭证。

4. 与生产车间和仓库、管理部门的协调。

【岗前培训】

一、知识准备

无形资产处置核算

企业处置无形资产，应当将取得的价款扣除该无形资产账面价值以及出售相关税费后的差额记入营业外收入或营业外支出。

企业处置无形资产，应当按照实际收到的金额等借记“银行存款”等科目，按照已计提的累计摊销，借记“累计摊销”科目。按照应支付的相关税费及其他费用，贷记“应交税费”“银行存款”等科目，按其账面余额，贷记“无形资产”科目，按照其差额贷记“营业外收入——非流动资产处置利得”科目或借记“营业外支出——非流动资产处置损失”科目。已计提减值准备的，应同时结转减值准备，借记“无形资产减值准备”科目。

二、无形资产处置核算任务

1. 新疆新红有限责任公司 2016 年 1 月 1 日用银行存款 200 000 元购入一项管理用专利权的所有权，该项专利权预计使用年限为 15 年，法律规定的有效年限为 10 年，企业在每年年末采用直线法进行摊销。2018 年 1 月 3 日，该企业因资金需求将上述专利权的所有权转让，取得转让收入 200 000 元，转让专利权涉及的增值税税率为 6%。

要求：根据上述资料，编制该企业购入专利权、每年年末专利权摊销和转让专利权的会计分录。(答案中的金额单位用元表示)

【工作程序与方法要求】

工作步骤	工作程序	方法要求
1	收集无形资产处置的增值税专用发票或普通发票、收款方式、领导审批单。	审查凭证内容：计算准确，付款方式合适，信用可靠，凭证齐全。
2	根据处置发票编制记账凭证。	会计科目正确，金额计算准确，方向正确。大小写格式正确，合计清楚，责任人填写清楚，编号正确，附件齐全。
3	根据记账凭证登记无形资产处置的总账。	摘要清晰，科目正确，数字准确，方向正确，计算准确。

【关键技术环节师傅指导】

1. 无形资产取得、摊销、出售损益的计算。
2. 编制无形资产处置的会计分录。

【职业素质培养】

1. 认真计算，细心，严谨。
2. 会计职业判断与职业分析。
3. 协调沟通协作能力。

【知识能力与技术技能考核评价】

学校：＿＿＿＿＿＿ 班级：＿＿＿＿ 专业：＿＿＿＿ 学徒姓名：＿＿＿＿ 日期：＿＿＿

学徒任务	无形资产处置核算				
自我鉴定（10 分）	职业素养(3)	□优秀 3	□良好 2	□一般 1	□较差 1 以下
	工作态度(3)	□优秀 3	□良好 2	□一般 1	□较差 1 以下
	出勤率(2)	□优秀 2	□良好 1.5	□一般 1	□较差 1 以下
	吃苦耐劳(2)	□优秀 2	□良好 1.5	□一般 1	□较差 1 以下
	得分：	学徒签名：		日期： 年 月 日	
专业技能（40 分）	无形资产处置步骤（6 分）	□优秀 6	□良好 4	□一般 2	□较差 1
	无形资产处置计算（7 分）	□优秀 7	□良好 5	□一般 3	□较差 1
	会计分录编制(6 分)	□优秀 6	□良好 4	□一般 2	□较差 1
	编制记账凭证(7 分)	□优秀 7	□良好 5	□一般 3	□较差 1
	绘制丁字账(7 分)	□优秀 7	□良好 5	□一般 3	□较差 1
	登记账簿(7 分)	□优秀 7	□良好 5	□一般 3	□较差 1
	得分：	企业师傅签名：		日期： 年 月 日	
学徒关键职业能力及职业品质、工匠精神评价（50 分）	工作态度(7 分)	□优秀 7	□良好 5	□一般 3	□较差 1
	吃苦耐劳(7 分)	□优秀 7	□良好 5	□一般 3	□较差 1
	团队协作(7 分)	□优秀 7	□良好 5	□一般 3	□较差 1
	沟通交流(7 分)	□优秀 7	□良好 5	□一般 3	□较差 1
	学习钻研(7 分)	□优秀 7	□良好 5	□一般 3	□较差 1
	认真负责(7 分)	□优秀 7	□良好 5	□一般 3	□较差 1
	诚实守信(8 分)	□优秀 8	□良好 6	□一般 4	□较差 2
	得分：	企业师傅签名：		日期： 年 月 日	
综合评定	(1)综合得分				
	(2)实习等级	□优秀 100	□良好 80	□一般 60	□较差 60 以下

任务四　投资性房地产

子任务1　投资性房地产取得核算

【任务目标与质量要求】

1. 识别和划分投资性房地产，并正确区分与辨别出投资性房地产。
2. 计算外购、自行建造、内部转换形成的投资性房地产的成本。
3. 编制外购、自行建造、内部转换形成的投资性房地产核算的会计分录。

【学习产出目标】

编制外购、自行建造、内部转换形成投资性房地产核算的记账凭证。

【岗位准备】

1. 与企业各部门密切合作，取得投资性房地产的合同。
2. 认真细心，研究并区分房地产项目属于固定资产还是投资性房地产。
3. 与企业各个部门协调，取得投资性房地产等各种凭证。
4. 与企业主管资产管理的领导沟通，确定固定资产与投资性房地产的区分。

【岗位培训】

一、知识准备

（一）投资性房地产的内容

1. 投资性房地产的概念

投资性房地产是指为赚取租金或资本增值，或者两者兼有而持有的房地产。

2. 投资性房地产的范围

投资性房地产的范围包括：已出租的土地使用权、持有并准备增值后转让的土地使用权以及已出租的建筑物。

3. 不属于投资性房地产的范围

①自用房地产；②作为存货的房地产。

（二）投资性房地产取得的核算

企业取得的投资性房地产应当按照其取得时的成本进行计量。以下分别对外购、自行建造和内部转换三种情况进行说明。

1. 外购的投资性房地产

外购投资性房地产的成本包括购买价款、相关税费和可直接归属于该资产的其他支出。外购取得投资性房地产时，按照取得时的实际成本进行初始计量，借记“投资性房地产”（后续计量为成本模式）科目，或“投资性房地产——成本”（后续计量为公允模式）科目，贷记“银行存款”等科目。

2. 自行建造投资性房地产的确认和初始计量

企业自行建造或开发活动完成后用于出租的房地产属于投资性房地产。只有在自行建造或开发活动完成的同时开始出租，才能将自行建造或开发完成的房地产确认为投资性房地产。自行建造投资性房地产，其建造成本由该项资产达到预定可使用状态前发生的必要支出构成，包括土地开发费、建筑成本、安装成本、应予以资本化的借款费用、支付的其他费用和分摊的间接费用等。建造过程中发生的非正常性损失，直接计入当期损益，不计入建造成本。采用成本模式计量的，应按照确定的成本，借记“投资性房地产”科目，贷记“在建工程”或“开发产品”科目。采用公允价值模式计量的，应按照确定的成本，借记“投资性房地产——成本”科目，贷记“在建工程”或“开发产品”科目。

3. 内部转换形成的投资性房地产的确认和初始计量

企业将作为存货的房地产转为投资性房地产的，应当按照该项存货在转换日的账面余额或公允价值借记“投资性房地产”（后续计量为成本模式）科目，或“投资性房地产——成本”（后续计量为公允模式）科目，按照其账面余额贷记“开发产品”科目，按照其差额贷记“其他综合收益”（在贷方差额情况下）或借记“公允价值变动损益”（在借方差额情况下），已计提存货跌价准备的，还应同时结转存货跌价准备。

企业将自用土地使用权或建筑物转换为以成本模式计量的投资性房地产时，应当按该项建筑物或土地使用权在转换日的原价、累计折旧、减值准备等，分别转入“投资性房地产”“投资性房地产累计折旧（摊销）”“投资性房地产减值准备”科目，按其账面余额，借记“投资性房地产”科目，贷记“固定资产”或“无形资产”科目，按已计提的折旧或摊销，借记“累计摊销”或“累计折旧”科目，贷记“投资性房地产累计折旧（摊销）”科目，原已计提减值准备的，借记“固定资产减值准备”或“无形资产减值准备”科目，贷记“投资性房地产减值准备”科目。按其差额贷记“其他综合收益”（在贷方差额情况下）或借记“公允价值变动损益”（在借方差额情况下）。

二、投资性房地产取得核算

1. 新疆新红有限责任公司（以下简称甲公司）与乙公司签订了土地使用权经营租

赁协议，甲公司以年租金 1 000 000 元租赁使用乙公司拥有的 10 万 m^2 土地使用权，租期 5 年，自租赁协议约定的租赁期开始日起。这项土地使用权属于哪个公司的投资性房地产？

2. 新疆新红有限责任公司为实施企业环保战略，决定将其电镀车间搬迁至郊区，原在市区的电镀车间厂房占用的土地使用权停止自用。公司管理层决定继续持有这部分土地使用权，待其增值后转让以赚取增值收益。市区的这部分土地使用权属于公司的投资性房地产吗？

3. 新疆新红有限责任公司投资性房地产采用成本计量模式。2018 年 2 月 1 日购入一幢建筑物用于出租。该建筑物的成本为 540 万元，预计使用年限为 20 年，预计净残值为 60 万元。采用直线法计提折旧。编制 2018 年取得投资性房地产的会计分录。

【工作程序与方法要求】

工作步骤	工作程序	方法要求
1	收集投资性房地产的增值税专用发票或普通发票、收款方式、领导审批单。	审查凭证内容：计算准确，付款方式合适，信用可靠，凭证齐全。
2	计算外购、自行建造、内部转换形成投资性房地产的成本。	金额计算准确，方向正确。大小写格式正确，合计清楚，责任人填写清楚，编号正确，附件齐全。
3	编制外购、自行建造、内部转换形成投资性房地产核算的记账凭证。	会计科目正确，金额计算准确，方向正确。大小写格式正确，合计清楚，责任人填写清楚，编号正确，附件齐全。
4	登记投资性房地产的明细账和总账。	摘要清晰，科目正确，数字准确，方向正确，计算准确。

【关键技术环节师傅指导】

1. 外购、自行建造、内部转换的投资性房地产成本的计算。
2. 编制自行建造转换形成投资性房地产的会计分录。

【职业素质培养】

1. 认真计算，细心，严谨。
2. 会计职业判断与职业分析。
3. 协调沟通协作能力。

【知识能力与技术技能考核评价】

学校：__________ 班级：________ 专业：________ 学徒姓名：________ 日期：______

学徒任务	投资性房地产取得核算				
自我鉴定 (10分)	职业素养(3)	□优秀 3	□良好 2	□一般 1	□较差 1 以下
	工作态度(3)	□优秀 3	□良好 2	□一般 1	□较差 1 以下
	出勤率(2)	□优秀 2	□良好 1.5	□一般 1	□较差 1 以下
	吃苦耐劳(2)	□优秀 2	□良好 1.5	□一般 1	□较差 1 以下
	得分：	学徒签名：		日期： 年 月 日	
专业技能 (40分)	投资性房地产内容(6分)	□优秀 6	□良好 4	□一般 2	□较差 1
	投资性房地产计算(7分)	□优秀 7	□良好 5	□一般 3	□较差 1
	会计分录编制(6分)	□优秀 6	□良好 4	□一般 2	□较差 1
	编制记账凭证(7分)	□优秀 7	□良好 5	□一般 3	□较差 1
	绘制丁字账(7分)	□优秀 7	□良好 5	□一般 3	□较差 1
	登记账簿(7分)	□优秀 7	□良好 5	□一般 3	□较差 1
	得分：	企业师傅签名：		日期： 年 月 日	
学徒关键职业能力及职业品质、工匠精神评价 (50分)	工作态度(7分)	□优秀 7	□良好 5	□一般 3	□较差 1
	吃苦耐劳(7分)	□优秀 7	□良好 5	□一般 3	□较差 1
	团队协作(7分)	□优秀 7	□良好 5	□一般 3	□较差 1
	沟通交流(7分)	□优秀 7	□良好 5	□一般 3	□较差 1
	学习钻研(7分)	□优秀 7	□良好 5	□一般 3	□较差 1
	认真负责(7分)	□优秀 7	□良好 5	□一般 3	□较差 1
	诚实守信(8分)	□优秀 8	□良好 6	□一般 4	□较差 2
	得分：	企业师傅签名：		日期： 年 月 日	
综合评定	(1)综合得分				
	(2)实习等级	□优秀 100	□良好 80	□一般 60	□较差 60 以下

子任务 2　投资性房地产成本模式核算

【任务目标与质量要求】

1. 计算成本模式计量的租金收入、摊销与累计折旧、减值准备、资产处置。
2. 编制成本模式计量投资性房地产核算的会计分录。

【学习产出目标】

编制成本模式计量投资性房地产核算的记账凭证。

【岗位准备】

1. 与企业各部门密切合作，取得投资性房地产成本模式计量的基础资料。
2. 认真细心，研究投资性房地产成本模式计量的特点。
3. 与企业各个部门协调，取得投资性房地产成本模式计量的各种凭证。
4. 与企业主管资产管理的领导沟通，确定投资性房地产成本模式计量的缘由。

【岗位培训】

一、知识准备

投资性房地产后续计量有成本模式和公允价值模式，通常应当采用成本模式，只有满足特定条件的情况下才可以采用公允价值模式。但是，同一企业只能采用一种模式对所有投资性房地产进行后续计量，不得同时采用两种计量模式。

（一）采用成本模式进行后续计量的投资性房地产核算特点

（1）采用成本模式进行后续计量的投资性房地产，应当按照固定资产或无形资产的有关规定，按期（月）对投资性房地产计提折旧或进行摊销，借记“其他业务成本”等科目，贷记“投资性房地产累计折旧（摊销）”。取得的租金收入，借记“银行存款”等科目，贷记“其他业务收入”等科目。

（2）投资性房地产存在减值迹象的，经减值测试后确定发生减值的，应当计提减值准备，借记“资产减值损失”科目，贷记“投资性房地产减值准备”科目。已经计提减值准备的投资性房地产，其减值损失在以后的会计期间不得转回。

（二）采用成本模式进行后续计量的投资性房地产核算分录

（1）计提折旧

借：其他业务成本

　　贷：投资性房地产累计折旧（摊销）

（2）确认租金

借：银行存款（或其他应收款）

　　贷：其他业务收入

（3）计提减值准备

借：资产减值损失

　　贷：投资性房地产减值准备

（三）采用成本模式计量的投资性房地产的处置

出售、转让按成本模式进行后续计量的投资性房地产时，应当按实际收到的金额，借记“银行存款”等科目，贷记“其他业务收入”科目；按该项投资性房地产的账面价值，借记“其他业务成本”科目，按其账面余额，贷记“投资性房地产”科目，按照已计提的折旧或摊销，借记“投资性房地产累计折旧（摊销）”科目，原已计提减值准备的，借记“投资性房地产减值准备”科目。

二、投资性房地产成本模式核算

新疆新红有限责任公司（甲企业）的一栋办公楼出租给乙企业使用，已确认为投资性房地产，采用成本模式进行后续计量。假设这栋办公楼的成本为 1 800 万元，按照直线法计提折旧，使用寿命为 20 年，预计净残值为零。按照经营租赁合同，乙企业每月支付甲企业租金 8 万元。当年 12 月，这栋办公楼发生减值迹象，经减值测试，其可收回金额为 1 200 万元，此时办公楼的账面价值为 1 500 万元，以前未计提减值准备。

要求：编制投资性房地产核算的会计分录。

【工作程序与方法要求】

工作步骤	工作程序	方法要求
1	收集投资性房地产成本模式计量的增值税专用发票或普通发票、收款方式、摊销和折旧计算表、处置领导审批单。	审查凭证内容：计算准确，付款方式合适，信用可靠，凭证齐全。
2	计算租金收入、摊销与累计折旧、减值准备、资产处置。	金额计算准确，方向正确。大小写格式正确，合计清楚，责任人填写清楚，编号正确，附件齐全。
3	编制投资性房地产成本模式核算的记账凭证。	会计科目正确，金额计算准确，方向正确。大小写格式正确，合计清楚，责任人填写清楚，编号正确，附件齐全。
4	登记投资性房地产成本模式计量涉及账户的明细账和总账。	摘要清晰，科目正确，数字准确，方向正确，计算准确。

【关键技术环节师傅指导】

1. 投资性房地产成本模式计量取得、计提折旧或摊销、取得租金收入的计算。
2. 编制投资性房地产成本模式计量的会计分录。

【职业素质培养】

1. 认真计算，细心，严谨。

2. 会计职业判断与职业分析。

3. 协调沟通协作能力。

【知识能力与技术技能考核评价】

学校：＿＿＿＿＿＿ 班级：＿＿＿＿ 专业：＿＿＿＿ 学徒姓名：＿＿＿＿ 日期：＿＿＿

学徒任务	投资性房地产成本模式计量核算	
自我鉴定（10 分）	职业素养(3)	□优秀 3　□良好 2　□一般 1　□较差 1 以下
	工作态度(3)	□优秀 3　□良好 2　□一般 1　□较差 1 以下
	出勤率(2)	□优秀 2　□良好 1.5　□一般 1　□较差 1 以下
	吃苦耐劳(2)	□优秀 2　□良好 1.5　□一般 1　□较差 1 以下
	得分：	学徒签名：　日期：　年　月　日
专业技能（40 分）	投资性房地产成本模式计量特点(6 分)	□优秀 6　□良好 4　□一般 2　□较差 1
	投资性房地产成本模式计算(7 分)	□优秀 7　□良好 5　□一般 3　□较差 1
	会计分录编制(6 分)	□优秀 6　□良好 4　□一般 2　□较差 1
	编制记账凭证(7 分)	□优秀 7　□良好 5　□一般 3　□较差 1
	绘制丁字账(7 分)	□优秀 7　□良好 5　□一般 3　□较差 1
	登记账簿(7 分)	□优秀 7　□良好 5　□一般 3　□较差 1
	得分：	企业师傅签名：　日期：　年　月　日
学徒关键职业能力及职业品质、工匠精神评价（50 分）	工作态度(7 分)	□优秀 7　□良好 5　□一般 3　□较差 1
	吃苦耐劳(7 分)	□优秀 7　□良好 5　□一般 3　□较差 1
	团队协作(7 分)	□优秀 7　□良好 5　□一般 3　□较差 1
	沟通交流(7 分)	□优秀 7　□良好 5　□一般 3　□较差 1
	学习钻研(7 分)	□优秀 7　□良好 5　□一般 3　□较差 1
	认真负责(7 分)	□优秀 7　□良好 5　□一般 3　□较差 1
	诚实守信(8 分)	□优秀 8　□良好 6　□一般 4　□较差 2
	得分：	企业师傅签名：　日期：　年　月　日
综合评定	(1)综合得分	
	(2)实习等级	□优秀 100　□良好 80　□一般 60　□较差 60 以下

子任务 3　投资性房地产公允价值模式核算

【任务目标与质量要求】

1. 计算公允价值模式计量租金收入、公允价值变动、资产处置。
2. 编制公允价值模式计量投资性房地产核算的会计分录。

【学习产出目标】

编制公允价值模式计量投资性房地产核算的记账凭证。

【岗位准备】

1. 与企业各部门密切合作，取得投资性房地产公允价值模式计量的基础资料。
2. 认真细心，研究投资性房地产公允价值模式计量的特点。
3. 与企业各个部门协调，取得投资性房地产公允价值模式计量的各种凭证。
4. 与企业主管资产管理的领导沟通，确定投资性房地产公允价值模式计量的缘由。

【岗位培训】

一、知识准备

（一）公允价值模式计量的投资性房地产核算的特点

企业有确凿证据表明其投资性房地产的公允价值能够持续可靠取得的，可以对投资性房地产采用公允价值模式进行后续计量。

（1）投资性房地产采用公允价值模式进行后续计量的，不计提折旧或摊销，应当以资产负债表日的公允价值计量。

（2）资产负债表日，投资性房地产的公允价值高于其账面余额的差额，借记“投资性房地产——公允价值变动”科目，贷记“公允价值变动损益”科目；公允价值低于其账面余额的差额作相反的账务处理。

（3）取得的租金收入，借记“银行存款”等科目，贷记“其他业务收入”等科目。

（二）公允价值模式计量的投资性房地产核算

甲公司为从事房地产经营开发的公司。2017 年 8 月，甲公司与乙公司签订租赁协议，约定将甲公司开发的一栋精装修的写字楼于开发完成的同时开始租赁给乙公司使用，租赁期为 10 年。当年 10 月 1 日，该写字楼开发完成并开始起租，写字楼的造价为

9 000 万元。2017 年 12 月 31 日，该写字楼的公允价值为 9 200 万元。甲公司采用公允价值计量模式。

甲公司的账务处理如下：

(1) 2017 年 10 月 1 日，甲公司开发完成写字楼并出租：

借：投资性房地产——成本　　90 000 000

　　贷：开发成本　　90 000 000

(2) 2017 年 12 月 31 日，按照公允价值为基础调整其账面价值，公允价值与原账面价值之间的差额计入当期损益：

借：投资性房地产——公允价值变动　　2 000 000

　　贷：公允价值变动损益　　2 000 000

（三）采用公允价值模式计量的投资性房地产的处置

当投资性房地产被处置，或者永久退出使用且预计不能从其处置中取得经济利益时，应当终止确认该项投资性房地产。

企业可以通过对外出售或转让的方式处置投资性房地产，对于那些由于使用而不断磨损直到最终报废，或者由于遭受自然灾害等非正常损失发生毁损的投资性房地产应当及时进行清理。此外，企业因其他原因，如非货币性交易等而减少投资性房地产也属于投资性房地产的处置。企业出售、转让、报废投资性房地产或者发生投资性房地产毁损，应当将处置收入扣除其账面价值和相关税费后的金额计入当期损益。

出售、转让采用公允价值模式计量的投资性房地产，应当按实际收到的金额，借记“银行存款”等科目，贷记“其他业务收入”科目；按该项投资性房地产的账面余额，借记“其他业务成本”科目，按其成本，贷记“投资性房地产——成本”科目，按其累计公允价值变动，贷记或借记“投资性房地产——公允价值变动”科目。同时，将投资性房地产累计公允价值变动转入其他业务成本，借记或贷记“公允价值变动损益”科目，贷记或借记“其他业务成本”科目。若存在原转换日计入其他综合收益的金额，则也需一并转入其他业务成本，借记“其他综合收益”科目，贷记“其他业务成本”科目。

甲为一家房地产开发企业，2017 年 3 月 10 日，甲企业与乙企业签订了租赁协议，将其开发的一栋写字楼出租给乙企业使用，租赁期开始日为 2017 年 4 月 15 日。2017 年 4 月 15 日，该写字楼的账面余额 45 000 万元，公允价值为 47 000 万元。2017 年 12 月 31 日，该项投资性房地产的公允价值为 48 000 万元。2018 年 6 月租赁期届满，企业收回该项投资性房地产，并以 55 000 万元出售，出售款项已收讫。甲企业采用公允价值模式计量。

甲企业的账务处理如下：

(1) 2017 年 4 月 15 日，存货转换为投资性房地产：

借：投资性房地产——成本　　470 000 000
　　贷：开发产品　　450 000 000
　　　　其他综合收益　　20 000 000

（2）2017 年 12 月 31 日，公允价值变动：

借：投资性房地产——公允价值变动　　10 000 000
　　贷：公允价值变动损益　　10 000 000

（3）2018 年 6 月，出售投资性房地产：

借：银行存款　　550 000 000
　　贷：其他业务收入　　550 000 000

借：其他业务成本　　480 000 000
　　贷：投资性房地产——成本　　470 000 000
　　　　　　　　　　——公允价值变动　　10 000 000

同时，将投资性房地产累计公允价值变动转入其他业务成本：

借：公允价值变动损益　　10 000 000
　　贷：其他业务成本　　10 000 000

同时，将转换时原计入其他综合收益的部分转入其他业务成本：

借：其他综合收益　　20 000 000
　　贷：其他业务成本　　20 000 000

二、公允价值核算的投资性房地产核算任务

1. 甲公司为从事房地产经营开发的公司。2018 年 8 月，甲公司与乙公司签订租赁协议，约定将甲公司开发的一栋精装修的写字楼于开发完成的同时开始租赁给乙公司使用，租赁期为 10 年。当年 10 月 1 日，该写字楼开发完成并开始起租，写字楼的造价为 9 000 万元。2018 年 12 月 31 日，该写字楼的公允价值为 9 200 万元。甲公司采用公允价值计量模式。

2. 甲为一家房地产开发企业，2018 年 3 月 10 日，甲企业与乙企业签订了租赁协议，将其开发的一栋写字楼出租给乙企业使用，租赁期开始日为 2018 年 4 月 15 日。2018 年 4 月 15 日，该写字楼的账面余额 45 000 万元，公允价值为 47 000 万元。2018 年 12 月 31 日，该项投资性房地产的公允价值为 48 000 万元。2019 年 6 月租赁期届满，企业收回该项投资性房地产，并以 55 000 万元出售，出售款项已收讫。甲企业采用公允价值模式计量。

请编制投资性房地产公允价值模式核算的会计分录。

【工作程序与方法要求】

工作步骤	工作程序	方法要求
1	收集投资性房地产公允价值模式计量的增值税专用发票或普通发票、收款方式、公允价值变动表，处置领导审批单。	审查凭证内容：计算准确，付款方式合适，信用可靠，凭证齐全。
2	计算租金收入、公允价值变动、资产处置。	金额计算准确，方向正确。大小写格式正确，合计清楚，责任人填写清楚，编号正确，附件齐全。
3	编制投资性房地产公允价值模式核算的记账凭证。	会计科目正确，金额计算准确，方向正确。大小写格式正确，合计清楚，责任人填写清楚，编号正确，附件齐全。
4	登记投资性房地产成本模式计量涉及账户的明细账和总账。	摘要清晰，科目正确，数字准确，方向正确，计算准确。

【关键技术环节师傅指导】

1. 投资性房地产公允价值模式计量取得、公允价值变动、取得租金收入的计算。
2. 编制投资性房地产公允价值模式计量的会计分录。

【职业素质培养】

1. 认真计算，细心，严谨。
2. 会计职业判断与职业分析。
3. 协调沟通协作能力。

【知识能力与技术技能考核评价】

学校：____________ 班级：________ 专业：________ 学徒姓名：________ 日期：______

学徒任务	投资性房地产公允价值模式计量核算				
自我鉴定（10分）	职业素养(3)	□优秀 3	□良好 2	□一般 1	□较差 1 以下
	工作态度(3)	□优秀 3	□良好 2	□一般 1	□较差 1 以下
	出勤率(2)	□优秀 2	□良好 1.5	□一般 1	□较差 1 以下
	吃苦耐劳(2)	□优秀 2	□良好 1.5	□一般 1	□较差 1 以下
	得分：	学徒签名：		日期： 年 月 日	

续表

学徒任务	投资性房地产公允价值模式计量核算				
专业技能（40分）	投资性房地产公允价值模式计量特点（6分）	□优秀 6	□良好 4	□一般 2	□较差 1
	投资性房地产公允价值模式计算（7分）	□优秀 7	□良好 5	□一般 3	□较差 1
	会计分录编制（6分）	□优秀 6	□良好 4	□一般 2	□较差 1
	编制记账凭证（7分）	□优秀 7	□良好 5	□一般 3	□较差 1
	绘制丁字账（7分）	□优秀 7	□良好 5	□一般 3	□较差 1
	登记账簿（7分）	□优秀 7	□良好 5	□一般 3	□较差 1
	得分：	企业师傅签名：		日期：　年　月　日	
学徒关键职业能力及职业品质、工匠精神评价（50分）	工作态度（7分）	□优秀 7	□良好 5	□一般 3	□较差 1
	吃苦耐劳（7分）	□优秀 7	□良好 5	□一般 3	□较差 1
	团队协作（7分）	□优秀 7	□良好 5	□一般 3	□较差 1
	沟通交流（7分）	□优秀 7	□良好 5	□一般 3	□较差 1
	学习钻研（7分）	□优秀 7	□良好 5	□一般 3	□较差 1
	认真负责（7分）	□优秀 7	□良好 5	□一般 3	□较差 1
	诚实守信（8分）	□优秀 8	□良好 6	□一般 4	□较差 2
	得分：	企业师傅签名：		日期：　年　月　日	
综合评定	(1)综合得分				
	(2)实习等级	□优秀 100	□良好 80	□一般 60	□较差 60 以下

任务五　应付款项

子任务 1　应付票据

【任务目标与质量要求】

1. 计算应付票据到期值与到期日。
2. 编制应付票据核算的记账凭证。

【学习产出目标】

编制应付票据核算的记账凭证。

【岗位准备】

1. 与企业各部门密切合作，取得票据的种类、期限。

2. 认真细心，与销售部门查看合同，与仓库部门查看产品出库情况。

3. 与企业各个部门协调，取得购买物资合同中界定的票据等各种凭证。

4. 与企业主管资产管理的领导沟通，确定票据转作应付账款等的重要依据和批示。

【岗位培训】

一、知识准备

（一）应付票据概述

应付票据是指企业购买材料、商品和接受劳务供应等而开出、承兑的商业汇票，包括商业承兑汇票和银行承兑汇票。

企业应通过“应付票据”科目，核算应付票据的发生、偿付等情况。该科目贷方登记开出承兑汇票的面值及带息票据的预提利息，借方登记支付票据的金额，余额在贷方，表示企业尚未到期的商业汇票的票面金额。

企业应当设置“应付票据备查簿”，详细登记商业汇票的种类、号数和出票日期、到期日、票面余额、交易合同号和收款人姓名或单位名称以及付款日期和金额等资料。应付票据到期结清时，应当在备查簿内予以注销。

（二）应付票据的账务处理

（1）企业因购买材料、商品和接受劳务供应等产生的应付票据；

（2）转销应付票据。

二、应付票据核算任务

新疆新红有限责任公司为增值税一般纳税人，原材料按计划成本核算。2019 年 4 月 6 日购入原材料一批，增值税专用发票上注明的价款为 60 000 元，增值税额为 7 800 元，原材料已验收入库。该企业开出并经开户银行承兑的商业汇票一张，面值为 67 800 元，期限 5 个月。交纳银行承兑手续费 33.9 元。9 月 6 日商业汇票到期，公司通知其开户银行以银行存款支付票款。

请编制应付票据的会计分录。

【工作程序与方法要求】

工作步骤	工作程序	方法要求
1	收集应付票据的增值税专用发票或普通发票、付款方式条件、种类、期限。	审查凭证内容：计算准确，付款方式合适，信用可靠，凭证齐全。
2	计算应付票据。	金额计算准确，方向正确。大小写格式正确，合计清楚，责任人填写清楚，编号正确，附件齐全。
3	编制应付票据的记账凭证。	会计科目正确，金额计算准确，方向正确。大小写格式正确，合计清楚，责任人填写清楚，编号正确，附件齐全。
4	登记应付票据的明细账和总账。	摘要清晰，科目正确，数字准确，方向正确，计算准确。

【关键技术环节师傅指导】

1. 应付票据到期时间、到期值、贴现利息、贴现金额的计算。
2. 编制应付票据核算的会计分录。

【职业素质培养】

1. 认真计算，细心，严谨。
2. 会计职业判断与职业分析。
3. 协调沟通协作能力。
4. 坚持会计准则的能力。

【知识能力与技术技能考核评价】

学校：__________ 班级：______ 专业：______ 学徒姓名：______ 日期：______

学徒任务	应付票据核算				
自我鉴定（10分）	职业素养(3)	□优秀 3	□良好 2	□一般 1	□较差 1 以下
	工作态度(3)	□优秀 3	□良好 2	□一般 1	□较差 1 以下
	出勤率(2)	□优秀 2	□良好 1.5	□一般 1	□较差 1 以下
	吃苦耐劳(2)	□优秀 2	□良好 1.5	□一般 1	□较差 1 以下
	得分：		学徒签名：		日期：　年　月　日

续表

学徒任务	应付票据核算				
专业技能（40分）	应付票据种类、期限（6分）	□优秀 6	□良好 4	□一般 2	□较差 1
	应付票据计算（7分）	□优秀 7	□良好 5	□一般 3	□较差 1
	会计分录编制（6分）	□优秀 6	□良好 4	□一般 2	□较差 1
	编制记账凭证（7分）	□优秀 7	□良好 5	□一般 3	□较差 1
	绘制丁字账（7分）	□优秀 7	□良好 5	□一般 3	□较差 1
	登记账簿（7分）	□优秀 7	□良好 5	□一般 3	□较差 1
	得分：	企业师傅签名：		日期：　年　月　日	
学徒关键职业能力及职业品质、工匠精神评价（50分）	工作态度（7分）	□优秀 7	□良好 5	□一般 3	□较差 1
	吃苦耐劳（7分）	□优秀 7	□良好 5	□一般 3	□较差 1
	团队协作（7分）	□优秀 7	□良好 5	□一般 3	□较差 1
	沟通交流（7分）	□优秀 7	□良好 5	□一般 3	□较差 1
	学习钻研（7分）	□优秀 7	□良好 5	□一般 3	□较差 1
	认真负责（7分）	□优秀 7	□良好 5	□一般 3	□较差 1
	诚实守信（8分）	□优秀 8	□良好 6	□一般 4	□较差 2
	得分：	企业师傅签名：		日期：　年　月　日	
综合评定	(1)综合得分				
	(2)实习等级	□优秀 100	□良好 80	□一般 60	□较差 60 以下

子任务 2　应付账款

【任务目标与质量要求】

1. 应付账款入账价值的计算。
2. 编制应付账款核算的记账凭证。

【学习产出目标】

编制应付账款核算的记账凭证。

【岗位准备】

1. 与企业各部门密切合作，取得应付账款的各种资料、合同、结算凭证。
2. 认真细心，与销售部门查看合同，与仓库部门查看产品出库情况。
3. 与企业各个部门协调，取得应付账款各种凭证。
4. 与企业主管销售的领导沟通，确定应付账款情况。

【岗前培训】

一、知识准备

（一）应付账款概述

应付账款是指企业因购买材料、商品或接受劳务供应等经营活动应支付给供应单位的款项。在实务中，为了使所购入物资的金额、品种、数量和质量等与合同规定的条款相符，避免因验收时发现所购物资存在数量或质量问题而对入账的物资或应付账款金额进行改动，在物资和发票账单同时到达的情况下，一般在所购物资验收入库后，再根据发票账单登记入账，确认应付账款。在所购物资已验收入库，但是发票账单未能同时到达的情况下，企业应付物资供应单位的债务已经成立，在会计期末，为了反映企业的负债情况，需要将所购物资和相关的应付账款暂估入账，待下月初作相反分录予以冲回。

（二）应付账款的核算

（1）应付账款的发生与偿还的核算。

（2）应付账款附有现金折扣的核算。应付账款附有现金折扣的，应按照扣除现金折扣前的应付款总额入账。因在折扣期限内付款而获得的现金折扣，应在偿付应付账款时冲减财务费用。

（3）企业外购电力、燃气等动力的核算。

（4）转销应付账款。企业转销确实无法支付的应付账款（比如因债权人撤销等原因而产生无法支付的应付账款），应按其账面余额计入营业外收入，借记“应付账款”科目，贷记“营业外收入”科目。

二、应付账款核算任务

新疆新红有限责任公司为增值税一般纳税人。2019 年 4 月 1 日，公司从 A 公司购入一批材料，货款 100 000 元，增值税 13 000 元，对方代垫运杂费 1 000 元。材料已运到并验收入库（该企业材料按实际成本计价核算），款项尚未支付。5 月 10 日，公司以银行存款支付购入材料相关款项 114 000 元。

请编制应付账款核算的会计分录。

【工作任务实施】

编号	项目	完成标记（打对钩）	没有完成的原因及分析
5-1-1	应付账款的计算		
5-1-2	应付账款的核算		

【关键技术环节师傅指导】

1. 应付账款现金折扣的计算。

2. 应付账款会计分录的编制。

【职业素质培养】

1. 分析经济业务的类型，涉及的会计要素和会计科目。
2. 计算应付账款的入账价值。
3. 编制应付账款核算会计分录。
4. 细心、严谨，认真计算与做账。

【知识能力与技术技能考核评价】

学校：＿＿＿＿＿＿ 班级：＿＿＿＿ 专业：＿＿＿＿ 学徒姓名：＿＿＿＿ 日期：＿＿＿

学徒任务	应付账款核算				
自我鉴定（10分）	职业素养(3)	□优秀 3	□良好 2	□一般 1	□较差 1 以下
	工作态度(3)	□优秀 3	□良好 2	□一般 1	□较差 1 以下
	出勤率(2)	□优秀 2	□良好 1.5	□一般 1	□较差 1 以下
	吃苦耐劳(2)	□优秀 2	□良好 1.5	□一般 1	□较差 1 以下
	得分：	学徒签名：		日期： 年 月 日	
专业技能（40分）	应付账款入账价值的计算(6分)	□优秀 6	□良好 4	□一般 2	□较差 1
	应付账款计算(7分)	□优秀 7	□良好 5	□一般 3	□较差 1
	会计分录编制(6分)	□优秀 6	□良好 4	□一般 2	□较差 1
	编制记账凭证(7分)	□优秀 7	□良好 5	□一般 3	□较差 1
	绘制丁字账(7分)	□优秀 7	□良好 5	□一般 3	□较差 1
	登记账簿(7分)	□优秀 7	□良好 5	□一般 3	□较差 1
	得分：	企业师傅签名：		日期： 年 月 日	
学徒关键职业能力及职业品质、工匠精神评价（50分）	工作态度(7分)	□优秀 7	□良好 5	□一般 3	□较差 1
	吃苦耐劳(7分)	□优秀 7	□良好 5	□一般 3	□较差 1
	团队协作(7分)	□优秀 7	□良好 5	□一般 3	□较差 1
	沟通交流(7分)	□优秀 7	□良好 5	□一般 3	□较差 1
	学习钻研(7分)	□优秀 7	□良好 5	□一般 3	□较差 1
	认真负责(7分)	□优秀 7	□良好 5	□一般 3	□较差 1
	诚实守信(8分)	□优秀 8	□良好 6	□一般 4	□较差 2
	得分：	企业师傅签名：		日期： 年 月 日	
综合评定	(1)综合得分				
	(2)实习等级	□优秀 100	□良好 80	□一般 60	□较差 60 以下

子任务3　预收账款

【任务目标与质量要求】

1. 理解预收账款的内容与计算。
2. 编制预收账款核算的记账凭证。

【学习产出目标】

编制预收账款的记账凭证。

【岗位准备】

1. 与企业各部门密切合作，取得预收账款的各种资料、合同、结算凭证。
2. 认真细心，与销售部门查看合同，与仓库部门查看产品出库情况。
3. 与企业各个部门协调，取得预收账款各种凭证。
4. 与企业主管销售的领导沟通，确定预收账款或应收账款情况。

【岗位培训】

一、知识准备

（一）预收账款定义

预收账款是指企业按照合同规定向购货单位预收的款项。预收账款与应付账款同为企业短期债权，但与应付账款不同的是，预收账款所形成的负债不是以货币偿付，而是以货物偿付。

（二）预收账款的核算

1. 设置预收账款账户

企业预收账款业务不多的，也可不单独设置“预收账款”科目，其所发生的预收货款，可通过“应收账款”科目核算。

2. 预收账款核算

（1）收到交来的预付款；

（2）公司发货后收到剩余货款。

此外，在预收账款核算中值得注意的是，假设公司不设置“预收账款”科目，通过“应收账款”科目核算有关业务。

二、 预收账款核算任务

新疆新红有限责任公司为增值税一般纳税人。2019 年 6 月 3 日，公司与甲公司签订供货合同，向甲公司出售一批产品，货款金额共计 200 000 元，应交纳增值税 26 000 元。根据购货合同规定，甲公司在购货合同签订一周内，应当向新疆新红有限责任公司预付货款120 000 元，剩余货款在交货后付清。2019 年 6 月 9 日，公司收到甲公司交来的预付款 120 000 元，并存入银行，6 月 19 日公司将货物发到甲公司并开出增值税发票，甲公司验收合格后付清了剩余货款。

请编制预收账款核算的会计分录。

【工作程序与方法要求】

工作步骤	工作程序	方法要求
1	收集预收账款的增值税专用发票或普通发票、收款方式条件、种类、期限。	审查凭证内容：计算准确，付款方式合适，信用可靠，凭证齐全。
2	计算预收账款。	金额计算准确，方向正确。大小写格式正确，合计清楚，责任人填写清楚，编号正确，附件齐全。
3	编制预收账款的记账凭证。	会计科目正确，金额计算准确，方向正确。大小写格式正确，合计清楚，责任人填写清楚，编号正确，附件齐全。
4	登记预收账款的明细账和总账。	摘要清晰，科目正确，数字准确，方向正确，计算准确。

【关键技术环节师傅指导】

1. 预收账款的计算。
2. 编制预收账款或应收账款的会计分录。

【职业素质培养】

1. 分析经济业务的类型，涉及的会计要素和会计科目，其中的知识要点。
2. 计算预收账款的入账价值。
3. 编制预收账款核算的会计分录。
4. 细心、严谨，认真计算与做账。

【知识能力与技术技能考核评价】

学校：______ 班级：______ 专业：______ 学徒姓名：______ 日期：______

学徒任务	预收账款核算				
自我鉴定（10分）	职业素养(3)	□优秀 3	□良好 2	□一般 1	□较差 1 以下
	工作态度(3)	□优秀 3	□良好 2	□一般 1	□较差 1 以下
	出勤率 (2)	□优秀 2	□良好 1.5	□一般 1	□较差 1 以下
	吃苦耐劳(2)	□优秀 2	□良好 1.5	□一般 1	□较差 1 以下
	得分：	学徒签名：		日期： 年 月 日	
专业技能（40分）	预收账款内容(6分)	□优秀 6	□良好 4	□一般 2	□较差 1
	预收账款计算(7分)	□优秀 7	□良好 5	□一般 3	□较差 1
	会计分录编制(6分)	□优秀 6	□良好 4	□一般 2	□较差 1
	编制记账凭证(7分)	□优秀 7	□良好 5	□一般 3	□较差 1
	绘制丁字账(7分)	□优秀 7	□良好 5	□一般 3	□较差 1
	登记账簿(7分)	□优秀 7	□良好 5	□一般 3	□较差 1
	得分：	企业师傅签名：		日期： 年 月 日	
学徒关键职业能力及职业品质、工匠精神评价（50分）	工作态度(7分)	□优秀 7	□良好 5	□一般 3	□较差 1
	吃苦耐劳(7分)	□优秀 7	□良好 5	□一般 3	□较差 1
	团队协作(7分)	□优秀 7	□良好 5	□一般 3	□较差 1
	沟通交流(7分)	□优秀 7	□良好 5	□一般 3	□较差 1
	学习钻研(7分)	□优秀 7	□良好 5	□一般 3	□较差 1
	认真负责(7分)	□优秀 7	□良好 5	□一般 3	□较差 1
	诚实守信(8分)	□优秀 8	□良好 6	□一般 4	□较差 2
	得分：	企业师傅签名：		日期： 年 月 日	
综合评定	(1)综合得分				
	(2)实习等级	□优秀 100	□良好 80	□一般 60	□较差 60 以下

子任务 4 其他应付款

【任务目标与质量要求】

1. 计算其他应付款。
2. 编制其他应付款核算的记账凭证。

【学习产出目标】

编制其他应付款的记账凭证。

【岗位准备】

1. 与企业各部门密切协商，取得其他应付款的各种资料、合同、结算凭证。
2. 认真细心，与管理部门查看合同，与后勤处了解出租等各项事宜。
3. 与企业各个部门协调，取得其他应付款各种凭证。
4. 与企业后勤部门的领导沟通，确定其他应付款情况。

【岗位培训】

一、知识准备

其他应付款是指企业除应付票据、应付账款、预收账款、应付职工薪酬、应交税费、应付股利等经营活动以外的其他各项应付、暂收的款项，如应付租入包装物租金、存入保证金等。企业应通过“其他应付款”科目，核算其他应付款的增减变动及其结存情况，并按照其他应付款的项目和对方单位（或个人）设置明细科目进行明细核算。该科目贷方登记发生的各种应付、暂收款项，借方登记偿还或转销的各种应付、暂收款项；该科目期末贷方余额，反映企业应付未付的其他应付款项。

企业发生其他各种应付、暂收款项时，借记“管理费用”等科目，贷记“其他应付款”科目；支付或退回其他各种应付、暂收款项时，借记“其他应付款”科目，贷记“银行存款”等科目。

二、其他应付款的核算

新疆新红有限责任公司从2019年1月1日起，以经营租赁方式租入管理办公设备一批，每月租金8 000元，按季支付。3月31日，公司以银行存款支付应付租金。请编制其他应付款的会计分录。

【工作程序与方法要求】

工作步骤	工作程序	方法要求
1	收集其他应付款的普通发票、收付款方式、条件、内容。	审查凭证内容：计算准确，付款方式合适，信用可靠，凭证齐全。
2	计算其他应付款。	金额计算准确，方向正确。大小写格式正确，合计清楚，责任人填写清楚，编号正确，附件齐全。
3	编制其他应付款的记账凭证。	会计科目正确，金额计算准确，方向正确。大小写格式正确，合计清楚，责任人填写清楚，编号正确，附件齐全。
4	登记其他应付款的明细账和总账。	摘要清晰，科目正确，数字准确，方向正确，计算准确。

【关键技术环节师傅指导】

1. 其他应付款的计算。
2. 编制其他应付款的会计分录。

【职业素质培养】

1. 分析经济业务的类型，涉及的会计要素和会计科目。
2. 计算其他应付款入账价值。
3. 编制其他应付款核算会计分录。
4. 细心、严谨，认真计算与做账。

【知识能力与技术技能考核评价】

学校：__________ 班级：_______ 专业：_______ 学徒姓名：_______ 日期：_____

学徒任务	其他应付款核算				
自我鉴定（10分）	职业素养(3)	□优秀 3	□良好 2	□一般 1	□较差 1 以下
	工作态度(3)	□优秀 3	□良好 2	□一般 1	□较差 1 以下
	出勤率 (2)	□优秀 2	□良好 1.5	□一般 1	□较差 1 以下
	吃苦耐劳(2)	□优秀 2	□良好 1.5	□一般 1	□较差 1 以下
	得分：		学徒签名：	日期： 年 月 日	

续表

学徒任务	其他应付款核算				
专业技能（40分）	其他应付款内容(6分)	□优秀 6	□良好 4	□一般 2	□较差 1
	其他应付款计算(7分)	□优秀 7	□良好 5	□一般 3	□较差 1
	会计分录编制(6分)	□优秀 6	□良好 4	□一般 2	□较差 1
	编制记账凭证(7分)	□优秀 7	□良好 5	□一般 3	□较差 1
	绘制丁字账(7分)	□优秀 7	□良好 5	□一般 3	□较差 1
	登记账簿(7分)	□优秀 7	□良好 5	□一般 3	□较差 1
	得分： 企业师傅签名： 日期： 年 月 日				
学徒关键职业能力及职业品质、工匠精神评价（50分）	工作态度(7分)	□优秀 7	□良好 5	□一般 3	□较差 1
	吃苦耐劳(7分)	□优秀 7	□良好 5	□一般 3	□较差 1
	团队协作(7分)	□优秀 7	□良好 5	□一般 3	□较差 1
	沟通交流(7分)	□优秀 7	□良好 5	□一般 3	□较差 1
	学习钻研(7分)	□优秀 7	□良好 5	□一般 3	□较差 1
	认真负责(7分)	□优秀 7	□良好 5	□一般 3	□较差 1
	诚实守信(8分)	□优秀 8	□良好 6	□一般 4	□较差 2
	得分： 企业师傅签名： 日期： 年 月 日				
综合评定	(1)综合得分				
	(2)实习等级	□优秀 100	□良好 80	□一般 60	□较差 60 以下

任务六　应交增值税、消费税

子任务1　应交增值税

【任务目标与质量要求】

1. 计算一般纳税人采购货物、销售货物、进项税额转出、视同销售行为、缴纳增值税与转出、待抵扣与待转销的增值税。

2. 计算小规模纳税人的增值税。

3. 编制应交增值税的记账凭证。

【学习产出目标】

编制应交增值税的记账凭证。

【岗位准备】

1. 与企业各部门密切协商，取得增值税的各种资料、合同、结算凭证。

2. 认真细心，与销售、服务、采购、管理部门、后勤部门查看合同，了解提供服务、销售、购进等取得增值税发票、普通发票的各项事宜。

3. 与企业各个部门协调，取得其增值税发票、普通发票各种凭证。

4. 与企业财务部门的领导沟通，确定专用发票与普通发票的领取、开具等情况。

【岗位培训】

一、知识准备

（一）应交税费概述

企业根据税法规定应交纳的各种税费包括：增值税、消费税、城市维护建设税、资源税、所得税、土地增值税、房产税、车船使用税、土地使用税、教育费附加、矿产资源补偿费、印花税、耕地占用税等。

企业应通过“应交税费”科目，总括反映各种税费的交纳情况，并按照应交税费项目进行明细核算。该科目贷方登记应交纳的各种税费等，借方登记实际交纳的税费；期末余额一般在贷方，反映企业尚未交纳的税费，期末余额如在借方，反映企业多交或尚未抵扣的税费。企业交纳的耕地占用税不存在与征税机关清算和结算的问题，不通过“应交税费”科目核算。

增值税概述

增值税是以商品（或应税劳务）在流转过程中产生的增值额作为计税依据而征收的一种流转税。按照我国增值税暂行条例的规定，增值税的纳税人是在我国境内销售货物、进口货物，或提供加工、修理修配劳务的企业单位和个人。按照纳税人的经营规模及会计核算的健全程度，增值税纳税人分为一般纳税人和小规模纳税人。一般纳税人应纳增值税额，根据当期销项税额减去当期进项税额计算确定；小规模纳税人应纳增值税额，按照销售额和规定的征收率计算确定。

按照《中华人民共和国增值税暂行条例》规定，企业购入货物或接受应税劳务支付的增值税（即进项税额），可从销售货物或提供劳务按规定收取的增值税（即销项税额）中抵扣。准予从销项税额中抵扣的进项税额通常包括：①从销售方取得的增值税专用发票上注明的增值税额；②从海关取得的完税凭证上注明的增值税额。

（二）一般纳税企业的核算

为了核算企业应交增值税的发生、抵扣、交纳、退税及转出等情况，应在“应交税费”科目下设置“应交增值税”明细科目，并在“应交增值税”明细账内设置“进项税额”“已交税金”“销项税额”“出口退税”“进项税额转出”等专栏。

（1）采购物资和接受应税劳务；

（2）进项税额转出；

（3）销售物资或者提供应税劳务；

（4）视同销售行为；

（5）出口退税；

（6）交纳增值税。

（三）小规模纳税人的核算

小规模纳税企业应当按照不含税销售额和规定的增值税征收率计算交纳增值税，销售货物或提供应税劳务时只能开具普通发票，不能开具增值税专用发票。小规模纳税企业不享有进项税额的抵扣权，其购进货物或接受应税劳务支付的增值税直接计入有关货物或劳务的成本。因此，小规模纳税企业只需在“应交税费”科目下设置“应交增值税”明细科目，不需要在“应交增值税”明细科目中设置专栏，“应交税费——应交增值税”科目贷方登记应交纳的增值税，借方登记已交纳的增值税；期末贷方余额为尚未交纳的增值税，借方余额为多交纳的增值税。

小规模纳税企业购进货物和接受应税劳务时支付的增值税，直接计入有关货物和劳务的成本，借记“材料采购”“在途物资”等科目，贷记“银行存款”等科目。

（1）购入原材料；

（2）销售产品；

（3）缴纳增值税。

二、应交增值税核算任务

1．新疆新红有限责任公司为增值税一般纳税人，使用的增值税率为13%，原材料按计划成本核算，销售商品价格为不含增值税的公允价格，2019年8月份发生经济交易或事项如下：

（1）5日购入原材料一批，增值税专用发票上注明货款120 000元，增值税额15 600元，货物尚未到达，货款和进项税款已用银行存款支付。用银行存款支付运输公司的运输费用5 000元，运输费用的税率为9%。

（2）15日，购入不需安装设备一台，价款及运输保险等费用合计180 000元，增值税专用发票上注明的增值税税额23 400元，款项尚未支付。

（3）20日，购入免税农产品一批，价款200 000元，规定的扣除率为9%，货物尚未到达，货款已用银行存款支付。

(4) 25 日，生产车间委托外单位修理机器设备，增值税专用发票注明修理费用 20 000 元，增值税额为 2 600 元，款项已用银行存款支付。

(5) 10 日，库存材料因意外火灾毁损一批，有关增值税专用发票确认的成本为 20 000 元，增值税额 2 600 元。

(6) 18 日，企业所属的职工宿舍维修领用原材料 6 000 元，其购入时支付的增值税为 780 元。

请编制应交增值税的会计分录。

2. 甲企业为增值税小规模纳税人，适用的增值税税率为 3%，原材料按实际成本核算。该企业发生经济交易如下：购入原材料一批，取得的专用发票中注明货款 30 000 元，增值税 3 900 元，款项以银行存款支付，材料已验收入库。销售商品一批，所开出的普通发票中注明的货款（含税）为 51 500 元，款项已存入银行。用银行存款缴纳增值税 1 500 元。

请编制应交增值税的会计分录。

【工作程序与方法要求】

工作步骤	工作程序	方法要求
1	获取一般纳税人增值税专用发票、收付款方式。	审查凭证内容：计算准确，付款方式合适，信用可靠，凭证齐全。
2	计算应交增值税：一般纳税人的计算，小规模纳税人的计算。	金额计算准确，方向正确。大小写格式正确，合计清楚，责任人填写清楚，编号正确，附件齐全。
3	编制应交增值税的记账凭证。	会计科目正确，金额计算准确，方向正确。大小写格式正确，合计清楚，责任人填写清楚，编号正确，附件齐全。
4	登记应交增值税专账和总账。	摘要清晰，科目正确，数字准确，方向正确，计算准确。

【关键技术环节师傅指导】

1. 一般纳税人增值税的计算。
2. 小规模纳税人增值税的计算。

【职业素质培养】

1. 分析经济业务的类型，涉及的会计要素和会计科目。
2. 计算增值税。

3. 编制增值税核算会计分录。

4. 细心、严谨，认真计算与做账。

【知识能力与技术技能考核评价】

学校：__________ 班级：______ 专业：______ 学徒姓名：______ 日期：______

学徒任务	应交增值税核算				
自我鉴定（10分）	职业素养(3)	□优秀 3	□良好 2	□一般 1	□较差 1 以下
	工作态度(3)	□优秀 3	□良好 2	□一般 1	□较差 1 以下
	出勤率 (2)	□优秀 2	□良好 1.5	□一般 1	□较差 1 以下
	吃苦耐劳(2)	□优秀 2	□良好 1.5	□一般 1	□较差 1 以下
	得分：	学徒签名：		日期： 年 月 日	
专业技能（40分）	应交增值税内容（6分）	□优秀 6	□良好 4	□一般 2	□较差 1
	应交增值税计算（7分）	□优秀 7	□良好 5	□一般 3	□较差 1
	会计分录编制(6分)	□优秀 6	□良好 4	□一般 2	□较差 1
	编制记账凭证(7分)	□优秀 7	□良好 5	□一般 3	□较差 1
	绘制丁字账(7分)	□优秀 7	□良好 5	□一般 3	□较差 1
	登记账簿(7分)	□优秀 7	□良好 5	□一般 3	□较差 1
	得分：	企业师傅签名：		日期： 年 月 日	
学徒关键职业能力及职业品质、工匠精神评价（50分）	工作态度(7分)	□优秀 7	□良好 5	□一般 3	□较差 1
	吃苦耐劳(7分)	□优秀 7	□良好 5	□一般 3	□较差 1
	团队协作(7分)	□优秀 7	□良好 5	□一般 3	□较差 1
	沟通交流(7分)	□优秀 7	□良好 5	□一般 3	□较差 1
	学习钻研(7分)	□优秀 7	□良好 5	□一般 3	□较差 1
	认真负责(7分)	□优秀 7	□良好 5	□一般 3	□较差 1
	诚实守信(8分)	□优秀 8	□良好 6	□一般 4	□较差 2
	得分：	企业师傅签名：		日期： 年 月 日	
综合评定	(1)综合得分				
	(2)实习等级	□优秀 100	□良好 80	□一般 60	□较差 60 以下

子任务2　应交消费税

【任务目标与质量要求】

1. 销售货物、自产自用、委托加工物资、进口商品消费税的计算。
2. 编制应交消费税核算的会计分录。

【学习产出目标】

编制应交消费税的记账凭证。

【岗位准备】

1. 与企业各部门密切协商，取得消费税的各种资料、合同、结算凭证。
2. 认真细心，与销售、服务部门查看合同，了解提供服务、销售、购进等取得消费税发票的各项事宜。
3. 与企业各个部门协调，取得其消费税发票的各种凭证。
4. 与企业财务部门的领导沟通，确定消费税发票的领取、开具等情况。

【岗前培训】

一、知识准备

（一）消费税概述

消费税是指在我国境内生产、委托加工和进口应税消费品的单位和个人，按其流转额交纳的一种税。消费税有从价定率和从量定额两种征收方法。采取从价定率方法征收的消费税，以不含增值税的销售额为税基，按照税法规定的税率计算。企业的销售收入包含增值税的，应将其换算为不含增值税的销售额。采取从量定额计征的消费税，根据按税法确定的企业应税消费品的数量和单位应税消费品应缴纳的消费税计算确定。

（二）应交消费税的账务处理

企业应在“应交税费”科目下设置“应交消费税”明细科目，核算应交消费税的发生、交纳情况。该科目贷方登记应交纳的消费税，借方登记已交纳的消费税；期末贷方余额为尚未交纳的消费税，借方余额为多交纳的消费税。

1．销售应税消费品

企业销售应税消费品应交的消费税，应借记“税金及附加”科目，贷记“应交税费——应交消费税”科目。

2．自产自用应税消费品

企业将生产的应税消费品用于在建工程等非生产机构时，按规定应交纳的消费税，借记“在建工程”等科目，贷记“应交税费——应交消费税”科目。

3．委托加工应税消费品

企业如有应交消费税的委托加工物资，一般应由受托方代收代交税款，受托方按照应交税款金额，借记“应收账款”“银行存款”等科目，贷记“应交税费——应交消费税”科目。受托加工或翻新改制金银首饰按照规定由受托方交纳消费税。

委托加工物资收回后，直接用于销售的，应将受托方代收代交的消费税计入委托加工物资的成本，借记“委托加工物资”等科目，贷记“应付账款”“银行存款”等科目；委托加工物资收回后用于连续生产的，按规定准予抵扣的，应按由受托方代收代交的消费税，借记“应交税费——应交消费税”科目，贷记“应付账款”“银行存款”等科目。

4．进口应税消费品

企业进口物资在进口环节应缴的消费税，计入该项物资的成本，借记“材料采购”“固定资产”等科目，贷记“银行存款”等科目。

二、应交消费税核算任务

新疆新红有限责任公司为增值税一般纳税人，适用的增值税税率为13%，原材料按实际成本核算，销售商品价格为不含增值税的公允价格，2019 年 8 月份发生经济交易或事项如下：

（1）公司销售所生产的化妆品，价款 1 000 000 元（不含增值税），适用的消费税税率为 30%。不考虑其他相关税费。

（2）公司在建工程领用自产柴油 50 000 元，应纳消费税 6 000 元。不考虑其他相关税费。

（3）公司下设的职工食堂享受企业提供的补贴，本月领用自产产品一批，该产品的账面价值 20 000 元，市场价格 30 000 元（不含增值税），适用的消费税税率为 10%。不考虑其他相关税费。

（4）公司委托甲企业代为加工一批应交消费税的材料（非金银首饰）。公司的材料成本为 2 000 000 元，加工费为 400 000 元，由甲企业代收代交的消费税为160 000 元（不考虑增值税）。材料已经加工完成，并由公司收回验收入库，加工费尚未支付，公司采用实际成本法进行原材料的核算。

请编制上述应交消费税的会计分录。

【工作任务实施】

任务	工作	具体内容
消费税核算	1. 销售货物消费税的计算与核算。	1. 销售货物消费税的计算与核算。 2. 编制会计分录。
	2. 自产自用消费税的计算与核算。	1. 自产自用消费税的计算与核算。 2. 编制会计分录。
	3. 委托加工物资消费税的计算与核算。	1. 直接出售加工物资消费税的计算与核算。 2. 连续加工物资消费税的计算与核算。
	4. 进口商品消费税的计算与核算。	1. 进口商品消费税的计算与核算。 2. 编制会计分录。

【关键技术环节师傅指导】

1. 委托加工物资、自产自用消费税的计算。
2. 委托加工物资、自产自用消费税会计分录的编制。

【职业素质培养】

1. 分析经济业务的类型，涉及的会计要素和会计科目，其中的知识要点。
2. 计算消费税。
3. 编制消费税核算会计分录。
4. 细心、严谨，认真计算与做账。

【知识能力与技术技能考核评价】

学校：__________ 班级：________ 专业：________ 学徒姓名：________ 日期：______

学徒任务	应交消费税核算				
自我鉴定（10分）	职业素养(3)	□优秀 3	□良好 2	□一般 1	□较差 1 以下
	工作态度(3)	□优秀 3	□良好 2	□一般 1	□较差 1 以下
	出勤率 (2)	□优秀 2	□良好 1.5	□一般 1	□较差 1 以下
	吃苦耐劳(2)	□优秀 2	□良好 1.5	□一般 1	□较差 1 以下
	得分：	学徒签名：		日期： 年 月 日	

续表

学徒任务	应交消费税核算				
专业技能（40分）	应交消费税内容（6分）	□优秀 6	□良好 4	□一般 2	□较差 1
	应交消费税计算（7分）	□优秀 7	□良好 5	□一般 3	□较差 1
	会计分录编制（6分）	□优秀 6	□良好 4	□一般 2	□较差 1
	编制记账凭证（7分）	□优秀 7	□良好 5	□一般 3	□较差 1
	绘制丁字账（7分）	□优秀 7	□良好 5	□一般 3	□较差 1
	登记账簿（7分）	□优秀 7	□良好 5	□一般 3	□较差 1
	得分：	企业师傅签名：		日期： 年 月 日	
学徒关键职业能力及职业品质、工匠精神评价（50分）	工作态度（7分）	□优秀 7	□良好 5	□一般 3	□较差 1
	吃苦耐劳（7分）	□优秀 7	□良好 5	□一般 3	□较差 1
	团队协作（7分）	□优秀 7	□良好 5	□一般 3	□较差 1
	沟通交流（7分）	□优秀 7	□良好 5	□一般 3	□较差 1
	学习钻研（7分）	□优秀 7	□良好 5	□一般 3	□较差 1
	认真负责（7分）	□优秀 7	□良好 5	□一般 3	□较差 1
	诚实守信（8分）	□优秀 8	□良好 6	□一般 4	□较差 2
	得分：	企业师傅签名：		日期： 年 月 日	
综合评定	(1)综合得分				
	(2)实习等级	□优秀 100	□良好 80	□一般 60	□较差 60 以下

项目二
投资核算

任务一　金融资产核算

子任务1　交易性金融资产

【任务目标与质量要求】

1. 交易性金融资产取得、股利、利息、公允价值变动、处置的计算。
2. 交易性金融资产取得、股利、利息、公允价值变动、处置的会计分录的编制。

【学习任务与岗位能力】

编制交易性金融资产核算的记账凭证。

【岗位准备】

1. 与企业投资部门密切协商，确定金融资产的分类，明确投资部门将金融资产划分为交易性金融资产的意图与用意。

2. 认真细心，与高管部门沟通，查看交易性金融资产各种资料、合同、结算凭证，了解交易性金融资产交易时取得税票等的各项事宜。

3. 与企业管理部门协调，查看公司章程与协议等的各种凭证。

4. 与企业财务部门的领导沟通，确定交易性金融资产的公允价值、股利利息、交易费用等相关资料。

【岗前培训】

一、知识准备

企业金融资产主要包括库存现金、应收账款、应收票据、贷款、其他应收款、应收利息、债券投资、股票投资、基金投资及衍生金融资产等，企业应当结合自身业务特点和风险管理要求，将取得的金融资产分类核算。

（一）交易性金融资产的内容

交易性金融资产主要是指企业为了近期内出售而持有的金融资产，例如企业以赚取差价为目的从二级市场购入的股票、债券、基金等。

（二）交易性金融资产的账务处理

1. 交易性金融资产的核算应设置的会计科目

设置“交易性金融资产”“公允价值变动损益”“投资收益”科目。

2. 交易性金融资产的取得

企业取得交易性金融资产时，应当按照该金融资产取得时的公允价值作为其初始确认金额，记入“交易性金融资产——成本”科目。取得交易性金融资产所支付价款中包含了已宣告但尚未发放的现金股利或已到付息期但尚未领取的债券利息的，应当单独确认为应收项目，记入“应收股利”或“应收利息”科目。

取得交易性金融资产所发生的相关交易费用应当在发生时计入投资收益。交易费用是指可直接归属于购买、发行或处置金融工具新增的外部费用，包括支付给代理机构、咨询公司、券商等的手续费和佣金及其他必要支出。

3. 交易性金融资产的现金股利和利息

企业持有交易性金融资产期间对于被投资单位宣告发放的现金股利或企业在资产负债表日按分期付、一次还本债券投资的票面利率计算的利息收入，应当确认为应收项目，记入“应收股利”或“应收利息”科目，并计入投资收益。

4. 交易性金融资产的期末计量

资产负债表日，交易性金融资产应当按照公允价值计量，公允价值与账面余额之间的差额计入当期损益。企业应当在资产负债表日按照交易性金融资产公允价值与其账面余额的差额，借记或贷记“交易性金融资产——公允价值变动”科目，贷记或借记“公允价值变动损益”科目。

5. 交易性金融资产的处置

出售交易性金融资产时，应当将该金融资产出售时的公允价值与其初始入账金额之间的差额确认为投资收益，同时调整公允价值变动损益。

企业应按实际收到的金额，借记“银行存款”等科目，按该金融资产的账面余额，贷记“交易性金融资产”科目，按其差额，贷记或借记“投资收益”科目。同时，将原计入该金融资产的公允价值变动转出，借记或贷记“公允价值变动损益”科目，贷记或借记“投资收益”科目。

二、交易性金融资产核算

（1）2018 年 1 月 8 日，新疆新红有限责任公司购入甲公司发行的公司债券，该笔债券于 2017 年 7 月 1 日发行，面值为 2 500 万元，票面利率为 4%，债券利息按年支付。新疆新红有限责任公司将其划分为交易性金融资产，支付价款为 2 600 万元（其中包含已宣告发放的债券利息 50 万元），另支付交易费用 30 万元。2018 年 2 月 5 日，公司收到该笔债券利息 50 万元。2018 年 2 月 10 日，公司收到债券利息 100 万元。

（2）假定 2018 年 6 月 30 日，新疆新红有限责任公司购买的该笔债券的市价为 2 580 万元；2017 年 12 月 31 日，新疆新红有限责任公司购买的该笔债券的市价为 2 560 万元。

（3）假定 2018 年 11 月 15 日，新疆新红有限责任公司出售了所持有的甲公司的公司债券，售价为 2 565 万元。

编制交易性金融资产核算的会计分录。

【工作程序与方法要求】

工作步骤	工作程序	方法要求
1	获取企业购买股票、债券的收据、发票、付款方式。	审查凭证内容：计算准确，付款方式合适，信用可靠，凭证齐全。
2	计算交易性金融资产。	金额计算准确，方向正确。大小写格式正确，合计清楚，责任人填写清楚，编号正确，附件齐全。
3	编制交易性金融资产的记账凭证。	会计科目正确，金额计算准确，方向正确。大小写格式正确，合计清楚，责任人填写清楚，编号正确，附件齐全。
4	登记交易性金融资产明细账和总账。	摘要清晰，科目正确，数字准确，方向正确，计算准确。

【关键技术环节师傅指导】

1. 交易性金融资产取得、利息、股利、投资收益、公允价值变动、处置的计算。
2. 编制交易性金融资产的会计分录。

【职业素质培养】

1. 分析经济业务的类型，涉及的会计要素和会计科目。
2. 计算交易性金融资产。
3. 编制交易性金融资产核算会计分录。
4. 细心、严谨，认真计算与做账。

【知识能力与技术技能考核评价】

学校：__________ 班级：________ 专业：________ 学徒姓名：________ 日期：______

学徒任务	交易性金融资产核算				
自我鉴定(10分)	职业素养(3)	□优秀 3	□良好 2	□一般 1	□较差 1 以下
	工作态度(3)	□优秀 3	□良好 2	□一般 1	□较差 1 以下
	出勤率 (2)	□优秀 2	□良好 1.5	□一般 1	□较差 1 以下
	吃苦耐劳(2)	□优秀 2	□良好 1.5	□一般 1	□较差 1 以下
	得分：	学徒签名：		日期： 年 月 日	
专业技能(40分)	交易性金融资产内容(6分)	□优秀 6	□良好 4	□一般 2	□较差 1
	交易性金融资产计算(7分)	□优秀 7	□良好 5	□一般 3	□较差 1
	会计分录编制(6分)	□优秀 6	□良好 4	□一般 2	□较差 1
	编制记账凭证(7分)	□优秀 7	□良好 5	□一般 3	□较差 1
	绘制丁字账(7分)	□优秀 7	□良好 5	□一般 3	□较差 1
	登记账簿(7分)	□优秀 7	□良好 5	□一般 3	□较差 1
	得分：	企业师傅签名：		日期： 年 月 日	
学徒关键职业能力及职业品质、工匠精神评价(50分)	工作态度(7分)	□优秀 7	□良好 5	□一般 3	□较差 1
	吃苦耐劳(7分)	□优秀 7	□良好 5	□一般 3	□较差 1
	团队协作(7分)	□优秀 7	□良好 5	□一般 3	□较差 1
	沟通交流(7分)	□优秀 7	□良好 5	□一般 3	□较差 1
	学习钻研(7分)	□优秀 7	□良好 5	□一般 3	□较差 1
	认真负责(7分)	□优秀 7	□良好 5	□一般 3	□较差 1
	诚实守信(8分)	□优秀 8	□良好 6	□一般 4	□较差 2
	得分：	企业师傅签名：		日期： 年 月 日	
综合评定	(1)综合得分				
	(2)实习等级	□优秀 100	□良好 80	□一般 60	□较差 60 以下

子任务 2 持有至到期投资

【任务目标与质量要求】

1. 理解持有至到期投资的内容。

2. 计算持有至到期投资的取得、利息、减值、处置等。

3. 编制持有至到期投资取得、利息、减值、处置会计分录。

【学习任务与岗位能力】

持有至到期投资会计分录的编制。

【岗位准备】

1. 与企业投资部门密切协商，确定金融资产的分类，明确投资部门将金融资产划分为持有至到期投资的意图与用意。

2. 认真细心，与高管部门沟通，查看持有至到期投资各种资料、合同、结算凭证，了解持有至到期投资交易取得税票等的各项事宜。

3. 与企业管理部门协调，查看公司章程与协议等的各种凭证。

4. 与企业财务部门的领导沟通，确定持有至到期投资的面值、利息、交易费用等相关资料。

【岗前培训】

一、 知识准备

（一） 持有至到期投资的内容

持有至到期投资，是指到期日固定、回收金额固定或可确定，且企业有明确意图和能力持有至到期的非衍生金融资产。通常情况下包括持有的在活跃市场上有公开报价的国债、企业债券、金融债券等。

（二） 持有至到期投资的会计处理

1. 持有至到期投资应设置的会计科目

持有至到期投资科目，企业可以按照持有至到期投资的类别和品种分别设置成本、应计利息、利息调整等明细科目进行核算。

2. 持有至到期投资的取得

企业取得的持有至到期投资，应当按照公允价值计量，取得的持有至到期投资所发生的交易费用计入持有至到期投资的初始确认金额。

企业取得的持有至到期投资，应按该投资的面值，借记“持有至到期投资——成本”科目，按支付的价款中包含的已到付息期但尚未领取的利息，借记“应收利息”科目，按实际支付的金额，贷记“银行存款”等科目，按其差额，借记或贷记“持有至到期投资——利息调整”科目。

3. 持有至到期投资的持有

企业在持有至到期投资的会计期间，所涉及的会计处理主要有两个方面，一是在资产负债表日确认债券利息收入，二是在资产负债表日核算发生的减值损失。

（1）持有至到期投资的债券利息收入　资产负债表日，持有至到期投资为分期付息、一次还本债券投资的，应按票面利率计算确定的应收未收利息，借记“应收利息”科目，按持有至到期投资摊余成本和实际利率确定的利息收入，贷记“投资收益”科目，按其差额，借记或贷记“持有至到期投资——利息调整”科目。

持有至到期投资为一次还本付息债券投资的，应按票面利率计算确定的应收未收利息，借记“持有至到期投资——应计利息”科目，按持有至到期投资摊余成本和实际利率计算确定的利息收入，贷记“投资收益”科目，按其差额借记或贷记“持有至到期投资——利息调整”科目。

（2）持有至到期投资的减值　第一，持有至到期投资减值准备的计提和转回。资产负债表日，持有至到期投资的账面价值高于预计未来现金流量现值的，企业应当将该金融资产的账面价值减记至预计未来现金流量现值，将减记的金额作为资产减值损失进行会计处理，计入当期损益，同时计提资产减值准备。

已计提减值准备的持有至到期投资价值以后又得以恢复的，应在原已计提的减值准备金额内予以转回，转回的金额计入当期损益。

第二，持有至到期投资减值准备的账务处理。企业应当设置持有至到期投资减值准备科目，在资产负债表日，当持有至到期投资的账面价值高于预计未来现金流量现值的，企业应当将持有至到期投资账面价值高于预计未来现金流量现值的差额，借记“资产减值损失”科目，贷记“持有至到期投资减值准备”科目。

对于已计提减值准备的持有至到期投资价值又得以恢复，应在原计提的减值准备金额范围内，按已恢复的金额，借记“持有至到期投资减值准备”等科目，贷记“资产减值损失”等科目。

企业结转出售持有至到期投资的账面价值时，对于已计提持有至到期投资减值准备的，还应当同时借记持有至到期投资减值准备。

4. 持有至到期投资的出售

企业出售持有至到期投资时，应当将取得的价款与账面价值之间的差额作为投资收益进行会计处理，如果对持有至到期投资计提了减值准备，还应当同时结转减值准备。

企业出售持有至到期投资，应按实际收到的金额，借记“银行存款”等科目，按其账面余额，贷记“持有至到期投资——成本、利息调整、应计利息”科目，按其差额，贷记或借记“投资收益”科目。已计提减值准备的，还应同时结转减值准备。

二、 持有至到期投资核算

（1）2013 年 1 月 1 日，新疆新红有限责任公司支付 2 360 万元购入甲公司于当日发行的 5 年期债券 20 万张，每张面值 100 元，票面利率 7%，每年年末付息，到期一次还本，另支付相关费用 6.38 万元。新疆新红有限责任公司将其划分为持有至到期投资，经计算确定其实际利率为 3%。

（2）2013 年 5 月 1 日，甲公司发行的该债券开始上市流通。

（3）2013 年 12 月 31 日，新疆新红有限责任公司持有的该债券的公允价值为 2 500 万元，按期收到利息。

（4）2014 年，甲公司发生严重财务困难，虽仍可支付该债券当年的票面利息，但预计未来现金流量将受到严重影响，2014 年年底，新疆新红有限责任公司经合理估计，预计该持有至到期投资的未来现金流量现值为 2 000 万元。

（5）2015 年 12 月 31 日，因甲公司财务状况好转，偿债能力有所恢复，新疆新红有限责任公司当年实际收到利息 140 万元。新疆新红有限责任公司于 2015 年年底估计该持有至到期投资的预计未来现金流量现值为 2 020 万元。

假设不考虑其他因素（计算结果保留两位小数）。

要求：

（1）编制 2013 年 1 月 1 日新疆新红有限责任公司取得该项金融资产的有关分录。

（2）计算确定 2013 年 12 月 31 日，新疆新红有限责任公司该项持有至到期投资的摊余成本，并编制有关分录。

（3）编制 2014 年 12 月 31 日新疆新红有限责任公司该项持有至到期投资的有关分录。

（4）编制 2015 年 12 月 31 日，新疆新红有限责任公司该项持有至到期投资的有关分录。

【工作程序与方法要求】

工作步骤	工作程序	方法要求
1	获取企业购买债券的意图、收据、发票、付款方式、领导意见书。	审查凭证内容：计算准确，付款方式合适，信用可靠，凭证齐全。
2	计算持有至到期投资。	金额计算准确，方向正确。大小写格式正确，合计清楚，责任人填写清楚，编号正确，附件齐全。
3	编制持有至到期投资的记账凭证。	会计科目正确，金额计算准确，方向正确。大小写格式正确，合计清楚，责任人填写清楚，编号正确，附件齐全。
4	登记持有至到期投资明细账和总账。	摘要清晰，科目正确，数字准确，方向正确，计算准确。

【关键技术环节师傅指导】

1. 计算持有至到期投资取得成本、摊余成本、利息计提、利息调整、到期收回。
2. 编制持有至到期投资的会计分录。

【职业素质培养】

1. 分析经济业务的类型，涉及的会计要素和会计科目。
2. 计算持有至到期投资。
3. 编制持有至到期投资会计分录。
4. 细心、严谨，认真计算与做账。

【知识能力与技术技能考核评价】

学校：____________ 班级：________ 专业：________ 学徒姓名：________ 日期：______

学徒任务	持有至到期投资核算				
自我鉴定（10 分）	职业素养(3)	□优秀 3	□良好 2	□一般 1	□较差 1 以下
	工作态度(3)	□优秀 3	□良好 2	□一般 1	□较差 1 以下
	出勤率 (2)	□优秀 2	□良好 1.5	□一般 1	□较差 1 以下
	吃苦耐劳(2)	□优秀 2	□良好 1.5	□一般 1	□较差 1 以下
	得分：		学徒签名：	日期： 年 月 日	

续表

学徒任务	持有至到期投资核算				
专业技能（40分）	持有至到期投资内容（6分）	□优秀 6	□良好 4	□一般 2	□较差 1
	持有至到期投资计算（7分）	□优秀 7	□良好 5	□一般 3	□较差 1
	会计分录编制（6分）	□优秀 6	□良好 4	□一般 2	□较差 1
	编制记账凭证（7分）	□优秀 7	□良好 5	□一般 3	□较差 1
	绘制丁字账（7分）	□优秀 7	□良好 5	□一般 3	□较差 1
	登记账簿（7分）	□优秀 7	□良好 5	□一般 3	□较差 1
	得分：	企业师傅签名：		日期： 年 月 日	
学徒关键职业能力及职业品质、工匠精神评价（50分）	工作态度（7分）	□优秀 7	□良好 5	□一般 3	□较差 1
	吃苦耐劳（7分）	□优秀 7	□良好 5	□一般 3	□较差 1
	团队协作（7分）	□优秀 7	□良好 5	□一般 3	□较差 1
	沟通交流（7分）	□优秀 7	□良好 5	□一般 3	□较差 1
	学习钻研（7分）	□优秀 7	□良好 5	□一般 3	□较差 1
	认真负责（7分）	□优秀 7	□良好 5	□一般 3	□较差 1
	诚实守信（8分）	□优秀 8	□良好 6	□一般 4	□较差 2
	得分：	企业师傅签名：		日期： 年 月 日	
综合评定	(1)综合得分				
	(2)实习等级	□优秀 100	□良好 80	□一般 60	□较差 60 以下

子任务3 可供出售的金融资产

【任务目标与质量要求】

1. 理解可供出售的金融资产的内容。
2. 计算可供出售的金融资产取得、持有期间、减值、计算、处置。
3. 编制可供出售的金融资产核算的会计分录。

【学习任务与岗位能力】

编制可供出售的金融资产的会计分录。

【岗位准备】

1. 与企业投资部门密切协商，确定金融资产的分类，明确投资部门将金融资产划分为可供出售金融资产的意图与用意。

2. 认真细心，与高管部门沟通，查看可供出售金融资产的各种资料、合同、结算凭证，了解可供出售金融资产交易时取得税票等的各项事宜。

3. 与企业管理部门协调，查看公司章程与协议等的各种凭证。

4. 与企业财务部门的领导沟通，确定可供出售金融资产的公允价值、面值、利息、股利、交易费用等相关资料。

【岗位培训】

一、知识准备

（一）可供出售金融资产的内容

可供出售金融资产，是指初始确认时即被指定为可供出售的非衍生金融资产，以及没有划分为持有至到期投资、贷款和应收款项，以公允价值计量且其变动计入当期损益的金融资产。通常情况下，划分为此类的金融资产应当在活跃市场上有报价，因此，企业从二级市场上购入的有报价的股票、债券、基金等，没有划分为以公允价值计量且其变动计入当期损益的金融资产或持有至到期投资等金融资产的，可以划分为可供出售金融资产。

（二）可供出售金融资产的会计处理

1. 可供出售金融资产核算应设置的会计科目

为反映和监督可供出售金融资产的取得、收取现金或利息和出售等情况，企业设置可供出售金融资产、其他综合收益、投资收益等会计科目。

2. 可供出售金融资产的取得

可供出售金融资产的取得应当按照公允价值计量，取得可供出售金融资产发生的交易费用应当计入可供出售金融资产初始入账金额。

企业取得可供出售金融资产支付的价款中包含已宣告但尚未发放的现金股利或已到付息期但尚未领取的债券利息，应单独确认为应收股利或应收利息处理，不构成可供出售金融资产初始入账金额。

(1) 企业取得可供出售的金融资产为股票投资的，应按其公允价值与交易费用之和，借记“可供出售金融资产——成本”科目，按支付的价款中包含的已宣告但尚未发放的现金股利，借记“应收股利”科目，按实际支付的金额，贷记“其他货币资金——存出投资款”等科目。

(2) 企业取得的可供出售金融资产为债券投资的，应按债券的面值，借记“可供出售金融资产——成本”科目，按支付的价款中包含的已到付息期但尚未领取的利息，借记“应收利息”科目，按实际支付的金额，贷记“其他货币资金——存出投资款”等科目，按差额，借记或贷记“可供出售金融资产——利息调整”科目。

3. 可供出售金融资产的持有

企业在持有可供出售金融资产的会计期间，所涉及的会计处理主要有三个，一是在资产负债表日确认的债券利息收入，二是在资产负债表日反映公允价值变动，三是在资产负债表日可供出售金融资产发生的减值损失。

（1）企业在持有可供出售金融资产的期间取得现金股利或债券利息，应当作为投资收益进行会计处理。

（2）资产负债表日，可供出售金融资产应当按照公允价值计量，可供出售金融资产的公允价值变动应当作为其他综合收益，计入所有者权益中的其他综合收益，不计入当期利润。

（3）资产负债表日，确定可供出售金融资产发生减值的，应当将减记的金额作为资产减值损失进行会计处理，同时直接冲减可供出售金融资产或计提相应资产减值准备。对于已确认减值损失的可供出售金融资产，在随后会计期间内公允价值已上升且与客观上确认原减值损失事项有关的，应当在原已确认的减值损失范围内转回，同时调整资产减值损失或所有者权益中的其他综合收益。

4. 可供出售金融资产的出售

企业出售可供出售金融资产，应当将取得的价款与账面余额之间的差额作为投资损益进行会计处理，同时，将原计入该金融资产的公允价值变动转出，由其他综合收益转为投资收益。如果对可供出售金融资产计提了减值准备，还应当同时结转减值准备。

企业出售可供出售金融资产应当按照实际收到的金额，借记“其他货币资金——存出投资款”等科目，按可供出售金融资产的账面余额，贷记“可供出售金融资产——成本、公允价值变动、利息调整、应计利息”科目，按应从所有者权益中转出的公允价值累计变动额，借记或贷记“其他综合收益”科目，按其差额，贷记或借记“投资收益”科目。

二、 可供出售的金融资产核算任务

（1）2017 年 1 月 20 日，甲公司委托某证券公司从上海证券交易所购入 A 上市公司股票 100 万股，并将其划分为可供出售的金融资产。该笔股票投资在购买时的公允价值为 1 000 万元，另支付相关交易费用金额为 2.5 万元。

（2）2017 年 1 月 1 日，甲公司购入 B 公司发行的公司债券，该笔债券于 2016 年 7 月 1 日发行，面值为 2 500 万元，票面利率为 4%，债券利息按年支付。甲公司将其划分为可供出售金融资产，支付价款为 2 600 万元（其中包含已宣告发放的债券利息 50 万元），另支付交易费用 30 万元。2017 年 1 月 8 日，甲公司收到该笔债券利息 50 万元。2018 年 2 月 10 日，甲公司收到债券利息 100 万元。

（3）假定2017年6月30日，甲公司购买的B公司债券的市价为2 780万元；2017年12月31日，甲公司购买的B公司债券的市价为2 560万元。

请编制可供出售的金融资产核算的会计分录。

【工作任务实施】

编号	项目	完成标记（打对钩）	没有完成的原因及分析
1	可供出售金融资产取得的计算与核算。		
2	可供出售金融资产持有期间的计算与核算。		
3	可供出售金融资产减值的计算与核算。		
4	可供出售金融资产处置的计算与核算。		

【关键技术环节师傅指导】

1. 可供出售金融资产摊余成本、股利或利息和减值的计算。
2. 可供出售金融资产会计分录的编制。

【职业素质培养】

1. 分析经济业务的类型，涉及的会计要素和会计科目，其中的知识要点。
2. 计算可供出售金融资产。
3. 编制会计分录。
4. 细心、严谨，认真计算与做账。

【知识能力与技术技能考核评价】

学校：________ 班级：______ 专业：______ 学徒姓名：______ 日期：______

学徒任务	可供出售金融资产核算				
自我鉴定（10分）	职业素养(3)	□优秀3	□良好2	□一般1	□较差1以下
	工作态度(3)	□优秀3	□良好2	□一般1	□较差1以下
	出勤率　(2)	□优秀2	□良好1.5	□一般1	□较差1以下
	吃苦耐劳(2)	□优秀2	□良好1.5	□一般1	□较差1以下
	得分：		学徒签名：	日期：　年　月　日	

续表

学徒任务	可供出售金融资产核算				
专业技能（40分）	可供出售金融资产内容（6分）	□优秀6	□良好4	□一般2	□较差1
	可供出售金融资产计算（7分）	□优秀7	□良好5	□一般3	□较差1
	会计分录编制（6分）	□优秀6	□良好4	□一般2	□较差1
	编制记账凭证（7分）	□优秀7	□良好5	□一般3	□较差1
	绘制丁字账（7分）	□优秀7	□良好5	□一般3	□较差1
	登记账簿（7分）	□优秀7	□良好5	□一般3	□较差1
	得分：	企业师傅签名：		日期：　年　月　日	
学徒关键职业能力及职业品质、工匠精神评价（50分）	工作态度（7分）	□优秀7	□良好5	□一般3	□较差1
	吃苦耐劳（7分）	□优秀7	□良好5	□一般3	□较差1
	团队协作（7分）	□优秀7	□良好5	□一般3	□较差1
	沟通交流（7分）	□优秀7	□良好5	□一般3	□较差1
	学习钻研（7分）	□优秀7	□良好5	□一般3	□较差1
	认真负责（7分）	□优秀7	□良好5	□一般3	□较差1
	诚实守信（8分）	□优秀8	□良好6	□一般4	□较差2
	得分：	企业师傅签名：		日期：　年　月　日	
综合评定	（1）综合得分				
	（2）实习等级	□优秀100	□良好80	□一般60	□较差60以下

任务二　长期股权投资

子任务1　长期股权投资内容

【任务目标与质量要求】

1. 长期股权投资的内容。
2. 长期股权投资的范围。
3. 长期股权投资的计算方法。

【学习任务与岗位能力】

长期股权投资的内容与范围、方法的确定。

【岗位准备】

1. 与企业投资部门密切协商，确定投资的分类，明确投资部门将投资划分为长期股权投资的意图与用意。

2. 认真细心，与高管部门沟通，查看长期股权投资各种资料、合同、结算凭证，了解长期股权投资交易时取得合同等的各项事宜。

3. 与企业管理部门协调，查看公司章程与协议等的各种凭证。

4. 与企业财务部门的领导沟通，确定长期股权投资的股票价值、股利、交易费用等相关资料。

【岗前培训】

一、知识准备

（一）长期股权投资的概念

长期股权投资包括企业持有的对其子公司、合营企业及联营企业的权益性投资。

（二）长期股权投资的核算方法

长期股权投资的核算方法有两种：一是成本法，二是权益法。

1. 成本法核算的长期股权投资的范围

企业能够对被投资单位实施控制的长期股权投资，即企业对子公司的长期股权投资。

企业对子公司的长期股权投资应当采用成本法核算，编制合并财务报表时按照权益法进行调整。

2. 权益法核算的长期股权投资的范围

企业对被投资单位具有共同控制或者重大影响时，长期股权投资应当采用权益法核算。

(1) 企业对被投资单位具有共同控制的长期股权投资，即企业对其合营企业的长期股权投资。

(2) 企业对被投资单位具有重大影响的长期股权投资，即企业对其联营企业的长期股权投资。

二、长期股权投资核算任务

(1) 甲公司购买乙公司发行在外15%的股份；

（2）甲公司购买乙公司发行在外20%的股份；

（3）甲与乙公司共同持有丙公司60%的股份；

（4）甲公司占乙公司发行在外50.1%的股份；

（5）甲公司对乙公司能够施加重大影响。

请判断哪些属于长期股权投资，并说明原因。

【工作任务实施】

编号	项目	完成标记（打对钩）	没有完成的原因及分析
1	长期股权投资的内容与范围。		
2	长期股权投资的计算方法。		

【关键技术环节师傅指导】

长期股权投资的范围与计算方法的确定。

【职业素质培养】

1. 分析经济业务的类型，涉及的会计要素和会计科目。
2. 计算方法的确定。
3. 编制会计分录。
4. 细心、严谨，认真计算与做账。

【知识能力与技术技能考核评价】

学校：________ 班级：______ 专业：______ 学徒姓名：______ 日期：_____

学徒任务	长期股权投资核算				
自我鉴定（10分）	职业素养(3)	□优秀3	□良好2	□一般1	□较差1以下
	工作态度(3)	□优秀3	□良好2	□一般1	□较差1以下
	出勤率(2)	□优秀2	□良好1.5	□一般1	□较差1以下
	吃苦耐劳(2)	□优秀2	□良好1.5	□一般1	□较差1以下
	得分：	学徒签名：		日期：　年　月　日	
专业技能（40分）	长期股权投资内容（6分）	□优秀6	□良好4	□一般2	□较差1
	长期股权投资计算（7分）	□优秀7	□良好5	□一般3	□较差1

续表

学徒任务	长期股权投资核算				
专业技能（40分）	会计分录编制(6分)	□优秀 6	□良好 4	□一般 2	□较差 1
	编制记账凭证(7分)	□优秀 7	□良好 5	□一般 3	□较差 1
	绘制丁字账(7分)	□优秀 7	□良好 5	□一般 3	□较差 1
	登记账簿(7分)	□优秀 7	□良好 5	□一般 3	□较差 1
	得分：	企业师傅签名：		日期：　年　月　日	
学徒关键职业能力及职业品质、工匠精神评价（50分）	工作态度(7分)	□优秀 7	□良好 5	□一般 3	□较差 1
	吃苦耐劳(7分)	□优秀 7	□良好 5	□一般 3	□较差 1
	团队协作(7分)	□优秀 7	□良好 5	□一般 3	□较差 1
	沟通交流(7分)	□优秀 7	□良好 5	□一般 3	□较差 1
	学习钻研(7分)	□优秀 7	□良好 5	□一般 3	□较差 1
	认真负责(7分)	□优秀 7	□良好 5	□一般 3	□较差 1
	诚实守信(8分)	□优秀 8	□良好 6	□一般 4	□较差 2
	得分：	企业师傅签名：		日期：　年　月　日	
综合评定	(1)综合得分				
	(2)实习等级	□优秀 100	□良好 80	□一般 60	□较差 60 以下

子任务 2　成本法核算

【任务目标与质量要求】

1. 成本法下长期股权投资取得、收到股利、处置的计算。
2. 编制成本法下长期股权投资核算的会计分录。

【学习任务与岗位能力】

长期股权投资记账凭证的编制。

【岗位准备】

1. 与企业投资部门密切协商，确定投资的分类，明确投资部门将投资划分为长期股权投资的意图与用意。

2. 认真细心，与高管部门沟通，查看长期股权投资各种资料、合同、结算凭证，了解长期股权投资交易时取得成本等的各项事宜。

3. 与企业管理部门协调，查看公司章程与协议等的各种凭证。

4．与企业财务部门的领导沟通，确定长期股权投资的股票价值、股利、交易费用等相关资料。

【岗前培训】

一、知识准备

1．长期股权投资核算设置的账户

为了核算企业的长期股权投资，企业应当设置“长期股权投资”“投资收益”等科目。

2．长期股权投资初始投资成本的确定

除企业合并形成的长期股权投资以外，以支付现金取得的长期股权投资，应当按照实际支付的购买价款作为初始投资成本。企业所发生的与取得长期股权投资直接相关的费用、税金及其他必要支出应计入长期股权投资的初始投资成本。

此外，企业取得长期股权投资，实际支付的价款或对价中包含的已宣告但尚未发放的现金股利或利润，作为应收项目处理，不构成长期股权投资的成本。

3．取得长期股权投资

取得长期股权投资时，应按照初始投资成本计价。除企业合并形成的长期股权投资以外，以支付现金、非现金资产等其他方式取得的长期股权投资，应按照上述规定确定的长期股权投资初始投资成本，借记“长期股权投资”科目，贷记“银行存款”等科目。如果实际支付的价款中包含有已宣告但尚未发放的现金股利或利润，借记“应收股利”科目，贷记“长期股权投资”科目。

4．长期股权投资持有期间被投资单位宣告发放现金股利或利润

长期股权投资持有期间被投资单位宣告发放现金股利或利润时，企业按应享有的部分确认为投资收益，借记“应收股利”科目，贷记“投资收益”科目。

取得长期股权投资时，如果实际支付的价款中包含有已宣告但尚未发放的现金股利或利润，应借记“应收股利”科目，不记入“长期股权投资”科目。

5．长期股权投资的处置

处置长期股权投资时，按实际取得的价款与长期股权投资账面价值的差额确认为投资损益，并应同时结转已计提的长期股权投资减值准备。其会计处理是：企业处置长期股权投资时，应按实际收到的金额，借记“其他货币资金——存出投资款”等科目，按原已计提的减值准备，借记“长期股权投资减值准备”科目，按该项长期股权投资的账面余额，贷记“长期股权投资”科目，按尚未领取的现金股利或利润，贷记“应收股利”科目，按其差额，贷记或借记“投资收益”科目。

企业处置长期股权投资，应按实际取得的价款与长期股权投资账面价值的差额确认投资损益，并应按比例结转已记提的长期股权投资减值准备。

二、长期股权投资成本法核算任务

甲公司2017年5月15日以银行存款购买诚远股份有限公司的股票100 000股作为长期投资，每股买入价为10元，每股价格中包含有0.2元的已宣告分派的现金股利，另支付相关税费7 000元。采用成本法核算。

请编制甲公司长期股权投资的会计分录。

【工作任务实施】

编号	项目	完成标记（打对钩）	没有完成的原因及分析
1	长期股权投资取得的计算与核算。		
2	长期股权投资股利的计算与核算。		
3	长期股权投资处置的计算与核算。		

【关键技术环节师傅指导】

1. 长期股权投资取得成本、持有期间股利、处置的计算。
2. 长期股权投资取得成本、持有期间股利、处置会计分录的编制。

【职业素质培养】

1. 分析经济业务的类型，涉及的会计要素和会计科目。
2. 计算成本法长期股权投资。
3. 编制成本法长期股权投资会计分录。
4. 细心、严谨，认真计算与做账。

【知识能力与技术技能考核评价】

学校：______ 班级：______ 专业：______ 学徒姓名：______ 日期：______

学徒任务	成本法核算				
自我鉴定（10分）	职业素养(3)	□优秀 3	□良好 2	□一般 1	□较差 1 以下
	工作态度(3)	□优秀 3	□良好 2	□一般 1	□较差 1 以下
	出勤率(2)	□优秀 2	□良好 1.5	□一般 1	□较差 1 以下
	吃苦耐劳(2)	□优秀 2	□良好 1.5	□一般 1	□较差 1 以下
	得分：	学徒签名：		日期：　年　月　日	

续表

学徒任务	成本法核算				
专业技能(40分)	长期股权投资成本法核算内容(6分)	□优秀 6	□良好 4	□一般 2	□较差 1
	长期股权投资成本法计算(7分)	□优秀 7	□良好 5	□一般 3	□较差 1
	会计分录编制(6分)	□优秀 6	□良好 4	□一般 2	□较差 1
	编制记账凭证(7分)	□优秀 7	□良好 5	□一般 3	□较差 1
	绘制丁字账(7分)	□优秀 7	□良好 5	□一般 3	□较差 1
	登记账簿(7分)	□优秀 7	□良好 5	□一般 3	□较差 1
	得分：	企业师傅签名：		日期： 年 月 日	
学徒关键职业能力及职业品质、工匠精神评价(50分)	工作态度(7分)	□优秀 7	□良好 5	□一般 3	□较差 1
	吃苦耐劳(7分)	□优秀 7	□良好 5	□一般 3	□较差 1
	团队协作(7分)	□优秀 7	□良好 5	□一般 3	□较差 1
	沟通交流(7分)	□优秀 7	□良好 5	□一般 3	□较差 1
	学习钻研(7分)	□优秀 7	□良好 5	□一般 3	□较差 1
	认真负责(7分)	□优秀 7	□良好 5	□一般 3	□较差 1
	诚实守信(8分)	□优秀 8	□良好 6	□一般 4	□较差 2
	得分：	企业师傅签名：		日期： 年 月 日	
综合评定	(1)综合得分				
	(2)实习等级	□优秀 100	□良好 80	□一般 60	□较差 60 以下

子任务 3　权益法核算

【任务目标与质量要求】

1. 权益法下长期股权投资取得、净损益变动、其他权益变动、处置的计算。
2. 编制权益法下长期股权投资的会计分录。

【学习任务与岗位能力】

长期股权投资权益法会计分录的编制。

【岗位准备】

1. 与企业投资部门密切协商，确定长期股权投资权益法的分类，明确投资部门将投资划分为长期股权投资的意图与用意。

2. 认真细心，与高管部门沟通，查看长期股权投资权益法各种资料、合同、结算凭证，了解长期股权投资权益法交易时取得股票价格、股利、净资产公允价值等的各项事宜。

3. 与企业管理部门协调，查看公司章程与协议等的各种凭证。

4. 与企业财务部门的领导沟通，确定长期股权投资的成本、股利、交易费用、利润和亏损、其他权益变动等相关资料。

【岗前培训】

一、 知识准备

（一） 长期股权投资的取得

取得长期股权投资时，长期股权投资的初始投资成本大于投资时应享有被投资单位可辨认净资产公允价值份额的，不调整已确认的初始投资成本，借记“长期股权投资——成本”科目，贷记“银行存款”等科目。长期股权投资的初始投资成本小于投资时应享有被投资单位可辨认净资产公允价值份额的，借记“长期股权投资——成本”科目，贷记“银行存款”等科目，按其差额，贷记“营业外收入”科目。

（二） 持有长期股权投资期间被投资单位实现利润或发生净亏损

根据被投资单位实现的净利润计算应享有的份额，借记“长期股权投资——损益调整”科目，贷记“投资收益”科目。被投资单位发生净亏损作相反的会计分录，但以本科目的账面价值减记至零为限，借记“投资收益”科目，贷记“长期股权投资——损益调整”科目。

被投资单位以后宣告发放现金股利或利润时，企业计算应分得的部分，借记“应收股利”科目，贷记“长期股权投资——损益调整”科目。收到被投资单位宣告发放的股票股利，不进行账务处理，但应在备查簿中登记。

（三） 持有长期股权投资期间被投资单位所有者权益的其他变动

在持股比例不变的情况下，被投资单位除净损益以外所有者权益的其他变动，企业应按持股比例计算应享有的份额，借记或贷记“长期股权投资——其他权益变动”科目，贷记或借记“其他综合收益”科目。

（四） 长期股权投资的处置

处置长期股权投资时，按实际取得的价款与长期股权投资账面价值的差额确认为投资损益，并应同时结转已计提的长期股权投资减值准备。其会计处理是：企业处置长期股权投资时，应按实际收到的金额，借记“其他货币资金——存出投资款”等科目，按原已计提的减值准备，借记“长期股权投资减值准备”科目，按该长期股权投资的账面余额，贷记“长期股权投资”科目，按尚未领取的现金股利或利润，贷记“应收股利”科目，按其差额，贷记或借记“投资收益”科目。

同时，还应结转原计入其他综合收益的相关金额，借记或贷记“其他综合收益”科目，贷记或借记“投资收益”科目。

（五）长期股权投资的减值

1. 长期股权投资减值金额的确定

企业对子公司、合营企业及联营企业的长期股权投资在资产负债表日存在可能发生减值的迹象时，其可收回金额低于账面价值的，应当将该长期股权投资的账面价值减记至可收回金额，减记的金额确认为减值损失，计入当期损益，同时计提相应的资产减值准备。

2、长期股权投资减值的会计处理

企业计提长期股权投资减值准备，应当设置“长期股权投资减值准备”科目核算。企业按应减记的金额，借记“资产减值损失——计提的长期股权投资减值准备”科目，贷记“长期股权投资减值准备”科目。

长期股权投资减值损失一经确认，在以后会计期间不得转回。

二、 长期股权投资权益法核算任务

甲公司 2017 年 1 月 20 日购买东方股份有限公司发行的股票 5 000 000 股准备长期持有，占东方股份有限公司股份的 30%。每股买入价为 6 元，另外，购买该股票时发生有关税费 500 000 元，款项已由银行存款支付。2016 年 12 月 31 日，东方股份有限公司的所有者权益的账面价值（与其公允价值不存在差异）100 000 000 元。

编制长期股权投资核算的会计分录。

【工作任务实施】

编号	项目	完成标记（打对钩）	没有完成的原因及分析
1	长期股权投资取得的计算与核算。		
2	长期股权投资股利的计算与核算。		
3	长期股权投资处置的计算与核算。		

【关键技术环节师傅指导】

1. 长期股权投资取得成本、持有期间股利、处置的计算。
2. 长期股权投资取得成本、持有期间股利、处置会计分录的编制。

【职业素质培养】

1. 分析经济业务的类型，涉及的会计要素和会计科目。
2. 计算权益法长期股权投资。
3. 编制权益法长期股权投资会计分录。
4. 细心、严谨，认真计算与做账。

【知识能力与技术技能考核评价】

学校：______________ 班级：________ 专业：________ 学徒姓名：________ 日期：______

学徒任务	权益法核算				
自我鉴定（10 分）	职业素养(3)	□优秀 3	□良好 2	□一般 1	□较差 1 以下
	工作态度(3)	□优秀 3	□良好 2	□一般 1	□较差 1 以下
	出勤率 (2)	□优秀 2	□良好 1.5	□一般 1	□较差 1 以下
	吃苦耐劳(2)	□优秀 2	□良好 1.5	□一般 1	□较差 1 以下
	得分： 学徒签名： 日期： 年 月 日				
专业技能（40 分）	长期股权投资权益法核算内容(6 分)	□优秀 6	□良好 4	□一般 2	□较差 1
	长期股权投资权益法计算(7 分)	□优秀 7	□良好 5	□一般 3	□较差 1
	会计分录编制(6 分)	□优秀 6	□良好 4	□一般 2	□较差 1
	编制记账凭证(7 分)	□优秀 7	□良好 5	□一般 3	□较差 1
	绘制丁字账(7 分)	□优秀 7	□良好 5	□一般 3	□较差 1
	登记账簿(7 分)	□优秀 7	□良好 5	□一般 3	□较差 1
	得分： 企业师傅签名： 日期： 年 月 日				
学徒关键职业能力及职业品质、工匠精神评价（50 分）	工作态度(7 分)	□优秀 7	□良好 5	□一般 3	□较差 1
	吃苦耐劳(7 分)	□优秀 7	□良好 5	□一般 3	□较差 1
	团队协作(7 分)	□优秀 7	□良好 5	□一般 3	□较差 1
	沟通交流(7 分)	□优秀 7	□良好 5	□一般 3	□较差 1
	学习钻研(7 分)	□优秀 7	□良好 5	□一般 3	□较差 1
	认真负责(7 分)	□优秀 7	□良好 5	□一般 3	□较差 1
	诚实守信(8 分)	□优秀 8	□良好 6	□一般 4	□较差 2
	得分： 企业师傅签名： 日期： 年 月 日				
综合评定	(1)综合得分				
	(2)实习等级	□优秀 100	□良好 80	□一般 60	□较差 60 以下

项目三
借款核算

任务一　短期借款

【任务目标与质量要求】

1. 借款取得、利息计提及偿还、偿还本息的计算。
2. 编制短期借款取得、利息计提及偿还本息的会计分录。

【学习任务与岗位能力】

短期借款核算记账凭证的编制。

【岗位准备】

1. 与企业筹资部门密切协商，确定筹资方式、渠道、借款种类，明确借款的用途。

2. 认真细心，与高管部门沟通，查看短期借款各种资料、合同、结算凭证、信用等级，了解短期借款取得时取得合同、限制性条款等的各项事宜。

3. 与企业管理部门协调，查看公司章程与协议、资信情况等的各种凭证。

4. 与企业财务部门的领导沟通，确定短期借款的利率、利息、还款期限等相关资料。

【岗前培训】

一、 知识准备

（一） 短期借款的核算

短期借款是指企业向银行或其他金融机构等借入的期限在一年以下（含一年）的各种款项，短期借款一般是企业为了满足正常生产经营所需的资金或者是为了抵偿某项债务而借入的。

（二） 短期借款的核算实务操作

1. 取得借款

企业从银行或其他金融机构取得短期借款时，借记“银行存款”科目，贷记“短期借款”科目。

2. 每期期末计提利息

企业借入短期借款应支付的利息，在实际工作中，如果短期借款利息是按期支付的，如按季度支付利息或者利息是在借款到期时连同本金一起归还并且数额较大的，企业应采用月末预提方式进行短期借款利息的核算。短期借款利息属于筹资费用，应记入“财务费用”科目。企业应当在资产负债表日按照计算确定的短期借款利息费用，借记“财务费用”科目，贷记“应付利息”科目；实际支付利息时，根据已预提的利息，借记“应付利息”科目，根据应计利息，借记“财务费用”科目，根据应付利息总额，贷记“银行存款”科目。

3. 到期还本付息

企业短期借款到期偿还本金时，借记“短期借款”科目，贷记“银行存款”科目。

二、 短期借款核算任务

新疆新红有限公司于 2019 年 1 月 1 日从银行借入一笔生产经营用短期借款，共计 120 000 元，期限为 9 个月，年利率为 4%。根据与银行签署的借款协议，该项借款的本金到期后一次归还；利息按季支付。

请编制新疆新红有限公司的有关会计分录。

（1） 1 月 1 日借入短期借款时的会计分录。

（2） 1 月末，计提 1 月份应计利息时的会计分录。

（3） 3 月末支付第一季度银行借款利息时的会计分录。

（4） 10 月 1 日偿还银行借款本金时的会计分录。

【工作任务实施】

编号	项目	完成标记（打对钩）	没有完成的原因及分析
1	借款取得与核算。		
2	短期借款利息计提及偿还的计算与核算。		
3	短期借款偿还本息的计算与核算。		

【关键技术环节师傅指导】

1. 短期借款利息计提及偿还的计算。
2. 短期借款利息计提及偿还本息分录的编制。

【职业素质培养】

1. 分析经济业务的类型，涉及的会计要素和会计科目。
2. 计算短期借款取得、利息计提及偿还本息。
3. 编制短期借款取得、利息计提及偿还本息会计分录。
4. 细心、严谨，认真计算与做账。

【知识能力与技术技能考核评价】

学校：__________ 班级：________ 专业：________ 学徒姓名：________ 日期：______

学徒任务	短期借款核算				
自我鉴定（10分）	职业素养(3)	□优秀 3	□良好 2	□一般 1	□较差 1 以下
	工作态度(3)	□优秀 3	□良好 2	□一般 1	□较差 1 以下
	出勤率 (2)	□优秀 2	□良好 1.5	□一般 1	□较差 1 以下
	吃苦耐劳(2)	□优秀 2	□良好 1.5	□一般 1	□较差 1 以下
	得分：	学徒签名：		日期： 年 月 日	
专业技能（40分）	短期借款内容(6分)	□优秀 6	□良好 4	□一般 2	□较差 1
	短期借款计算(7分)	□优秀 7	□良好 5	□一般 3	□较差 1
	会计分录编制(6分)	□优秀 6	□良好 4	□一般 2	□较差 1
	编制记账凭证(7分)	□优秀 7	□良好 5	□一般 3	□较差 1
	绘制丁字账(7分)	□优秀 7	□良好 5	□一般 3	□较差 1
	登记账簿(7分)	□优秀 7	□良好 5	□一般 3	□较差 1
	得分：	企业师傅签名：		日期： 年 月 日	

续表

学徒任务	短期借款核算				
学徒关键职业能力及职业品质、工匠精神评价(50分)	工作态度(7分)	□优秀7	□良好5	□一般3	□较差1
	吃苦耐劳(7分)	□优秀7	□良好5	□一般3	□较差1
	团队协作(7分)	□优秀7	□良好5	□一般3	□较差1
	沟通交流(7分)	□优秀7	□良好5	□一般3	□较差1
	学习钻研(7分)	□优秀7	□良好5	□一般3	□较差1
	认真负责(7分)	□优秀7	□良好5	□一般3	□较差1
	诚实守信(8分)	□优秀8	□良好6	□一般4	□较差2
	得分： 企业师傅签名： 日期： 年 月 日				
综合评定	(1)综合得分				
	(2)实习等级	□优秀100	□良好80	□一般60	□较差60以下

任务二　长期借款

【任务目标与质量要求】

1. 长期借款取得、利息计提及归还、偿还本息的计算。
2. 编制长期借款取得、利息计提及偿还本息的会计分录。

【学习任务与岗位能力】

1. 长期借款利息计提、利息调整、偿还的计算。
2. 长期借款取得、利息计提、偿还会计分录的编制。

【岗位准备】

1. 与企业筹资部门密切协商，确定筹资方式、渠道、长期借款种类，明确长期借款的用途。

2. 认真细心，与高管部门沟通，查看长期借款各种资料、合同、结算凭证、信用等级，了解长期借款取得时取得合同、限制性条款等的各项事宜。

3. 与企业管理部门协调，查看公司章程与协议、资信情况等的各种凭证。

4. 与企业财务部门的领导沟通，确定长期借款的利率、利息、借款期限等相关资料。

【岗前培训】

一、知识准备

（一）长期借款概述

长期借款是指企业从银行或其他金融机构借入的期限在一年以上（不含一年）的各种借款，一般用于固定资产的购建、改扩建工程、大修理工程，对外投资以及为了保持长期经营能力等方面。它是企业长期负债的重要组成部分，必须加强管理与核算。

（二）长期借款的核算

1. 长期借款账户设置

企业应设置“长期借款”科目，本科目可按照贷款单位和贷款种类设置明细账，分别“本金”“应计利息”“利息调整”等进行明细核算。

长期借款的账务处理内容主要包括取得长期借款、确认利息以及归还长期借款。

2. 长期借款的取得与使用

企业借入长期借款，应按实际收到的金额，借记“银行存款”，贷记“长期借款——本金”科目；如存在差额，还应借记“长期借款——利息调整”科目。

3. 长期借款利息确认

长期借款利息费用应当在资产负债表日按照实际利率计算确定，实际利率与名义利率差异较小的，也可以采用合同利率计算确定利息费用。长期借款按合同利率计算确定的应付未付利息，如果属于分期付息的，记入“应付利息”科目，如果属于到期一次还本付息，记入“长期借款——应计利息”科目。

长期借款计算确定的利息费用，应当按以下原则计入有关成本、费用。属于筹建期间的计入管理费用；属于生产经营期间的计入财务费用。如果长期借款用于固定资产的，在资产尚未达到预定可使用状态前，所发生的利息应当资本化，计入在建工程成本等相关资产成本；固定资产达到预定可使用状态后发生的利息支出，以及按规定不予资本化的利息支出，计入财务费用。

账务处理为借记“在建工程”“制造费用”“财务费用”“研发支出”“管理费用”，贷记“应付利息”科目或“长期借款——应计利息”科目。

4. 归还长期借款

企业归还长期借款的本金时，应按归还的金额，借记“长期借款——本金”科目，贷记“银行存款”科目；按归还的利息，借记“应付利息”科目或“长期借款——应计利息”科目，贷记“银行存款”科目。

二、长期借款核算任务

(1) 新疆新红有限责任公司为增值税一般纳税人，于 2015 年 11 月 30 日从银行借入资金 3 000 000 元，借款期限为 3 年，年利率为 9.6%（到期一次还本付息，不计复利），所借款项已存入银行。公司用该借款于当日购买不需安装的设备一台，价款 2 400 000 元，增值税税额 408 000 元，另支付运杂费及保险等费用 32 000 元，设备已于当日投入使用。

（2）新疆新红有限责任公司于 2015 年 12 月 31 日计提长期借款利息。

（3）新疆新红有限责任公司于 2018 年 10 月 30 日偿还该笔银行借款本息。

编制长期借款核算的会计分录。

【工作任务实施】

编号	项目	完成标记（打对钩）	没有完成的原因及分析
1	长期借款取得与核算。		
2	长期借款利息计提及偿还的计算与核算。		
3	长期借款偿还本息的计算与核算。		

【关键技术环节师傅指导】

1. 长期借款利息计提及偿还的计算。
2. 长期借款利息计提及偿还本息分录的编制。

【职业素质培养】

1. 分析经济业务的类型，涉及的会计要素和会计科目。
2. 计算长期借款取得、利息计提及偿还本息。
3. 编制长期借款取得、利息计提及偿还本息会计分录。
4. 细心、严谨，认真计算与做账。

【知识能力与技术技能考核评价】

学校：____________ 班级：________ 专业：________ 学徒姓名：________ 日期：______

学徒任务	长期借款核算				
自我鉴定（10 分）	职业素养(3)	□优秀 3	□良好 2	□一般 1	□较差 1 以下
	工作态度(3)	□优秀 3	□良好 2	□一般 1	□较差 1 以下
	出勤率　(2)	□优秀 2	□良好 1.5	□一般 1	□较差 1 以下
	吃苦耐劳(2)	□优秀 2	□良好 1.5	□一般 1	□较差 1 以下
	得分：	学徒签名：		日期：　年　月　日	

续表

学徒任务	长期借款核算				
专业技能（40 分）	长期借款内容(6 分)	□优秀 6	□良好 4	□一般 2	□较差 1
	长期借款计算(7 分)	□优秀 7	□良好 5	□一般 3	□较差 1
	会计分录编制(6 分)	□优秀 6	□良好 4	□一般 2	□较差 1
	编制记账凭证(7 分)	□优秀 7	□良好 5	□一般 3	□较差 1
	绘制丁字账(7 分)	□优秀 7	□良好 5	□一般 3	□较差 1
	登记账簿(7 分)	□优秀 7	□良好 5	□一般 3	□较差 1
	得分：	企业师傅签名：		日期： 年 月 日	
学徒关键职业能力及职业品质、工匠精神评价（50 分）	工作态度(7 分)	□优秀 7	□良好 5	□一般 3	□较差 1
	吃苦耐劳(7 分)	□优秀 7	□良好 5	□一般 3	□较差 1
	团队协作(7 分)	□优秀 7	□良好 5	□一般 3	□较差 1
	沟通交流(7 分)	□优秀 7	□良好 5	□一般 3	□较差 1
	学习钻研(7 分)	□优秀 7	□良好 5	□一般 3	□较差 1
	认真负责(7 分)	□优秀 7	□良好 5	□一般 3	□较差 1
	诚实守信(8 分)	□优秀 8	□良好 6	□一般 4	□较差 2
	得分：	企业师傅签名：		日期： 年 月 日	
综合评定	(1)综合得分				
	(2)实习等级	□优秀 100	□良好 80	□一般 60	□较差 60 以下

任务三 应付债券

【任务目标与质量要求】

1. 应付债券的发行、利息计提及归还、偿还本息的计算。
2. 编制应付债券发行、利息计提及偿还本息的会计分录。

【学习任务与岗位能力】

1. 应付债券利息计提、偿还的计算。
2. 应付债券发行、利息计提、偿还会计分录的编制。

【岗位准备】

1. 与企业筹资部门密切协商，确定发行债券方式、渠道、种类，明确发行债券的用途。

2. 认真细心，与高管部门沟通，查看应付债券各种资料、合同、结算凭证、信用等级，了解应付债券取得时取得合同、限制性条款等的各项事宜。

3. 与企业管理部门协调，查看公司章程与协议、资信情况等的各种凭证。

4. 与企业财务部门的领导沟通，确定应付债券利率、利息、还款期限等相关资料。

【岗前培训】

一、知识准备

（一）应付债券概述

应付债券是指企业为筹集（长期）资金而发行的债券。企业通过发行债券取得的资金构成了一项非流动负债，企业会在未来某一特定日期按债券所记载的利率、期限等约定还本付息。

企业债券发行价格的高低一般取决于债券票面金额、债券票面利率、发行当时的市场利率以及债券期限的长短等因素。债券发行有面值发行、溢价发行和折价发行三种情况。企业债券按其面值出售的，称为面值发行；债券以低于其面值的价格发行称为折价发行；债券按高于其面值的价格发行为溢价发行。债券折价或溢价发行不是债券发行企业的收益或损失，而是发行债券企业在债券存续期内对利息费用的一种调整。

（二）应付债券的核算

1. 应付债券账户的设置

企业应设置“应付债券”科目，本科目下设置“面值”“利息调整”“应计利息”等明细科目进行明细核算。

2. 应付债券核算

应付债券分为面值发行、溢价发行和折价发行三种会计处理方法。

(1) 发行债券　企业发行债券时，应按实际收到的金额，借记“银行存款”等科目，按债券票面金额，贷记“应付债券——面值”科目，存在差额的，还应借记或贷记“应付债券——利息调整”科目。分为面值发行、溢价发行、折价发行。

(2) 债券利息的确认　发行长期债券的企业，应按期计提利息；对于按面值发行的债券，在每期采用票面利率计提利息时，应当按照与长期借款相一致的原则计入有关成本费用，借记“在建工程”“制造费用”“财务费用”“研发支出”等科目；其中，对于分期付息、到期一次还本的债券，其按票面利率计算确定的应付未付利息记入“应付利息”科目；对于一次还本付息的债券，其按票面利率计算确定的应付未付利息记入“应付债券——应计利息”科目。应付债券按实际利率（应付债券实际利率与票面利率差异较小时也可按票面利率）计算确定的利息费用，应按照与长期借款一致的原则计入有关成本、费用。

（3）债券还本付息　长期债券到期，企业支付债券本息时，借记“应付债券——面值”和“应付债券——应计利息”“应付利息”等科目，贷记“银行存款”等科目。

二、应付债券核算任务

（1）新疆新红有限责任公司于2015年7月1日发行三年期、到期时一次还本付息、年利率为8%（不计复利）、发行面值总额为30 000 000元的债券。该债券按面值发行。

（2）公司发行债券所筹资金当日用于建造固定资产，至2015年12月31日时工程尚未完工，计提本年长期债券利息。公司按照《企业会计准则第17号——借款费用》的规定计算，该期债券产生的实际利息费用应全部资本化，作为在建工程成本。

（3）2018年7月1日，公司偿还债券本金和利息。

编制应付债券业务的会计分录。

【工作任务实施】

编号	项目	完成标记（打对钩）	没有完成的原因及分析
1	债券的发行与核算。		
2	应付债券利息计提及偿还的计算与核算。		
3	应付债券偿还本息的计算与核算。		

【关键技术环节师傅指导】

1. 应付债券利息计提、利息调整及偿还的计算。
2. 应付债券发行、利息计提及偿还本息分录的编制。

【职业素质培养】

1. 分析经济业务的类型，涉及的会计要素和会计科目。
2. 计算应付债券发行、利息计提及偿还本息。
3. 编制应付债券发行、利息计提及偿还本息会计分录。
4. 细心、严谨，认真计算与做账。

【知识能力与技术技能考核评价】

学校：______ 班级：______ 专业：______ 学徒姓名：______ 日期：______

学徒任务	应付债券核算				
自我鉴定（10 分）	职业素养(3)	□优秀 3	□良好 2	□一般 1	□较差 1 以下
	工作态度(3)	□优秀 3	□良好 2	□一般 1	□较差 1 以下
	出勤率 (2)	□优秀 2	□良好 1.5	□一般 1	□较差 1 以下
	吃苦耐劳(2)	□优秀 2	□良好 1.5	□一般 1	□较差 1 以下
	得分：	学徒签名：		日期： 年 月 日	
专业技能（40 分）	应付债券内容(6 分)	□优秀 6	□良好 4	□一般 2	□较差 1
	应付债券计算(7 分)	□优秀 7	□良好 5	□一般 3	□较差 1
	会计分录编制(6 分)	□优秀 6	□良好 4	□一般 2	□较差 1
	编制记账凭证(7 分)	□优秀 7	□良好 5	□一般 3	□较差 1
	绘制丁字账(7 分)	□优秀 7	□良好 5	□一般 3	□较差 1
	登记账簿(7 分)	□优秀 7	□良好 5	□一般 3	□较差 1
	得分：	企业师傅签名：		日期： 年 月 日	
学徒关键职业能力及职业品质、工匠精神评价（50 分）	工作态度(7 分)	□优秀 7	□良好 5	□一般 3	□较差 1
	吃苦耐劳(7 分)	□优秀 7	□良好 5	□一般 3	□较差 1
	团队协作(7 分)	□优秀 7	□良好 5	□一般 3	□较差 1
	沟通交流(7 分)	□优秀 7	□良好 5	□一般 3	□较差 1
	学习钻研(7 分)	□优秀 7	□良好 5	□一般 3	□较差 1
	认真负责(7 分)	□优秀 7	□良好 5	□一般 3	□较差 1
	诚实守信(8 分)	□优秀 8	□良好 6	□一般 4	□较差 2
	得分：	企业师傅签名：		日期： 年 月 日	
综合评定	(1)综合得分				
	(2)实习等级	□优秀 100	□良好 80	□一般 60	□较差 60 以下

项目四
所有者权益核算

任务一 实收资本核算

【任务目标与质量要求】

1. 实收资本、股本、库存股的计算。
2. 正确编制实收资本、股本、库存股核算的会计分录。

【学习任务与岗位能力】

1. 实收资本、股本、库存股的计算。
2. 实收资本、股本、库存股的会计分录的编制。

【岗位准备】

1. 与企业筹资部门密切协商，确定发行股票方式、渠道、种类，明确发行股票的用途。

2. 认真细心，与高管部门沟通，查看发行股票各种资料、合同、结算凭证等，了解发行股票取得时取得合同、承销费用等各项事宜。

3. 与企业管理部门协调，查看公司章程与协议情况等的各种凭证。

4. 与企业财务部门的领导沟通，确定发行股票的面值、股利、所有者权益等相关资料。

【岗前培训】

一、 知识准备

所有者权益是指企业资产扣除负债后所有者享有的剩余权益。公司所有者权益又称为股东权益。所有者权益来源于所有者投入的资本，直接计入所有者的利得和损失、留存收益。直接计入所有者权益的利得和损失，是指不应计入当期损益、会导致所有者权益发生增减变动的、与所有者投入资本或者向所有者分配利润无关的利得或者损失。

所有者权益可分为实收资本（或股本）、资本公积、盈余公积和未分配利润等部分。其中，盈余公积和未分配利润统称为留存收益。

（一） 实收资本概述

实收资本是指企业按照章程规定或合同、协议约定，接受投资者投入企业的资本，实收资本的构成比例或股东的股份比例，是确定所有者在企业所有者权益总份额的基础，也是企业进行利润或股利分配的主要依据。

企业收到所有者投入企业的资本后，应根据有关原始凭证（如投资清单、银行通知单等），分别不同的出资方式进行会计处理。

（二） 实收资本的账务处理

1. 接受现金资产投资

（1）股份有限公司以外的企业接受现金资产投资；

（2）股份有限公司接受现金资产投资。

2. 接受非现金资产投资

（1）接受投入固定资产；

（2）接受投入材料物资；

（3）接受投入无形资产。

（三） 实收资本 （或股本） 的增减变动

1. 实收资本（或股本）的增加

一般企业增加资本主要有三个途径：接受投资者追加投资、资本公积转增资本和盈余公积转增资本。

2. 实收资本（或股本）的减少

企业减少实收资本应按法定程序报经批准，股份有限公司采用收购本公司股票方式减资的，按股票面值和注销股数计算的股票面值总额冲减股本，按注销库存股的账面余额与所冲减股本的差额冲减股本溢价，股本溢价不足冲减的，再冲减盈余公积直至未分配利润。如果购回股票支付的价款低于面值总额的，所注销库存股的账面余额与所冲减股本的差额作为增加股本溢价处理。

（1）回购本公司股票；

（2）注销本公司股票。

二、 实收资本核算任务

1. 甲、乙、丙三人共同投资设立新疆新红有限责任公司，注册资本为 4 000 000 元，甲、乙、丙分别出资 500 000 元、2 000 000 元和 1 500 000 元。为扩大经营规模，经批准，新疆新红有限责任公司注册资本扩大为 5 000 000 元，甲、乙、丙按照原出资比例分别追加投资 125 000 元、500 000 元和 375 000 元。新疆新红有限责任公司如期收到甲、乙、丙追加的现金投资。

2. B 股份有限公司发行普通股 10 000 000 股，每股面值 1 元，每股发行价格 5 元。假定股票发行成功，股款 50 000 000 元已全部收到，不考虑发行过程中的税费等因素。

3. A 上市公司 2017 年 12 月 31 日的股本为 100 000 000 股，面值为 1 元，资本公积（股本溢价）30 000 000 元，盈余公积 40 000 000 元。经股东大会批准，A 上市公司以现金回购本公司股票 20 000 000 股并注销。假定 A 上市公司按每股 2 元回购股票。

请编制上述企业实收资本（股本）核算的会计分录。

【工作任务实施】

编号	项目	完成标记（打对钩）	没有完成的原因及分析
1	实收资本计算与核算。		
2	股本的计算与核算。		
3	库存股的计算与核算。		

【关键技术环节师傅指导】

1. 计算实收资本增加、减少、股本发行溢价、库存股的回购与注销。

2. 编制实收资本增加、减少、股本发行溢价、库存股的回购与注销的会计分录。

【职业素质培养】

1. 分析经济业务的类型，涉及的会计要素和会计科目。

2. 计算实收资本增加、减少、股本发行溢价、库存股的回购与注销。

3. 编制实收资本增加、减少、股本发行溢价、库存股的回购、注销会计分录。

4. 细心、严谨，认真计算与做账。

【知识能力与技术技能考核评价】

学校：______________ 班级：________ 专业：________ 学徒姓名：________ 日期：______

学徒任务	实收资本核算				
自我鉴定（10 分）	职业素养(3)	□优秀 3	□良好 2	□一般 1	□较差 1 以下
	工作态度(3)	□优秀 3	□良好 2	□一般 1	□较差 1 以下
	出勤率 (2)	□优秀 2	□良好 1.5	□一般 1	□较差 1 以下
	吃苦耐劳(2)	□优秀 2	□良好 1.5	□一般 1	□较差 1 以下
	得分：	学徒签名：		日期： 年 月 日	
专业技能（40 分）	实收资本内容(6 分)	□优秀 6	□良好 4	□一般 2	□较差 1
	实收资本计算(7 分)	□优秀 7	□良好 5	□一般 3	□较差 1
	会计分录编制(6 分)	□优秀 6	□良好 4	□一般 2	□较差 1
	编制记账凭证(7 分)	□优秀 7	□良好 5	□一般 3	□较差 1
	绘制丁字账(7 分)	□优秀 7	□良好 5	□一般 3	□较差 1
	登记账簿(7 分)	□优秀 7	□良好 5	□一般 3	□较差 1
	得分：	企业师傅签名：		日期： 年 月 日	
学徒关键职业能力及职业品质、工匠精神评价（50 分）	工作态度(7 分)	□优秀 7	□良好 5	□一般 3	□较差 1
	吃苦耐劳(7 分)	□优秀 7	□良好 5	□一般 3	□较差 1
	团队协作(7 分)	□优秀 7	□良好 5	□一般 3	□较差 1
	沟通交流(7 分)	□优秀 7	□良好 5	□一般 3	□较差 1
	学习钻研(7 分)	□优秀 7	□良好 5	□一般 3	□较差 1
	认真负责(7 分)	□优秀 7	□良好 5	□一般 3	□较差 1
	诚实守信(8 分)	□优秀 8	□良好 6	□一般 4	□较差 2
	得分：	企业师傅签名：		日期： 年 月 日	
综合评定	(1)综合得分				
	(2)实习等级	□优秀 100	□良好 80	□一般 60	□较差 60 以下

任务二　资本公积核算

【任务目标与质量要求】

1. 资本公积产生的来源与内容。
2. 资本溢价或股本溢价、其他资本公积的计算。
3. 编制资本或股本溢价、其他资本公积的会计分录。

【学习任务与岗位能力】

1. 资本或股本溢价、其他资本公积的计算。
2. 资本或股本溢价、其他资本公积的会计分录的编制。

【岗位准备】

1. 与企业筹资部门密切协商，确定发行股票方式、渠道、种类，明确发行股票的用途。

2. 认真细心，与高管部门沟通，查看发行股票各种资料、合同、结算凭证等，了解发行股票取得时取得合同、承销费用等各项事宜。

3. 与企业管理部门协调，查看公司章程与协议情况等的各种凭证。

4. 与企业财务部门的领导沟通，确定发行股票的价格、股利、面值等相关资料。

【岗前培训】

一、知识准备

（一）资本公积概述

资本公积是企业收到投资者的出资额超出其在企业注册资本（或股本）中所占份额的部分，以及直接计入所有者权益的利得和损失等。资本公积包括资本溢价（或股本溢价）和直接计入所有者权益的利得和损失等。

资本公积的核算包括资本溢价（或股本溢价）的核算、其他资本公积的核算和资本公积转增资本的核算等内容。

（二）资本公积的账务处理

1. 资本溢价（或股本溢价）的核算

（1）资本溢价　除股份有限公司外的其他类型的企业，在企业创立时，投资者认缴的出资额与注册资本一致，一般不会产生资本溢价。但在企业重组或有新的投资者加入时，常常会出现资本溢价。因为在企业进行正常生产经营后，其资本利润率通常要高于企业初创阶段，另外，企业有内部积累，新投资者加入企业后，对这些积累也要分享，所以新加入的投资者往往要付出大于原投资者的出资额，才能取得与原投资者相同的出资比例。投资者多缴的部分就形成了资本溢价。

（2）股本溢价　股份有限公司是以发行股票的方式筹集股本的，股票可按面值发行，也可按溢价发行，我国目前不准折价发行。与其他类型的企业不同，股份有限公司在成立时可能会溢价发行股票，因而在成立之初，就可能会产生股本溢价。股本溢价的数额等于股份有限公司发行股票时实际收到的款额超过股票面值总额的部分。

在按面值发行股票的情况下，企业发行股票取得的收入，应全部作为股本处理；在溢价发行股票的情况下，企业发行股票取得的收入，等于股票面值部分作为股本处理，超出股票面值的溢价收入应作为股本溢价处理。

发行股票相关的手续费、佣金等交易费用，如果是溢价发行股票的，应从溢价中抵扣，冲减资本公积（股本溢价）；无溢价发行股票或溢价金额不足以抵扣的，应将不足抵扣的部分冲减盈余公积和未分配利润。

2. 其他资本公积核算

其他资本公积是指除资本溢价（或股本溢价）项目以外所形成的资本公积，其中主要是直接计入所有权益的利得和损失。本书以因被投资单位所有者权益的其他变动产生的利得和损失为例，介绍相关的其他资本公积的核算。

企业对被投资单位的长期股权投资采用权益法核算的，在持股比例不变的情况下，对因被投资单位除净损益以外的所有者权益的其他变动，如果是利得，则应按照持股比例计算其应享有被投资企业所有者权益的增加数额；如果是损失则做相反的分录。在处置长期股权投资时，应转销与该笔投资相关的其他资本公积。

3. 资本公积转增资本

经股东大会或类似机构决议，用资本公积转增资本时，应冲减资本公积，同时按照转增前的实收资本（或股本）的结构或比例，将转增的金额记入“实收资本”（或“股本”）科目下各所有者的明细分类账。

二、 资本公积核算任务

甲、乙、丙三人共同投资设立A有限责任公司，原注册资本为4 000 000元，甲、乙、丙分别出资500 000元、2 000 000元和1 500 000元。为扩大经营规模，经批准，A公司注册资本扩大为5 000 000元，甲、乙、丙按照原出资比例分别追加投资125 000元、500 000元和375 000元。A公司如期收到甲、乙、丙追加的现金投资。因扩大经营规模需要，经批准，A公司按原出资比例将资本公积1 000 000元转增资本。

请编制资本公积核算的会计分录。

【工作任务实施】

编号	项目	完成标记（打对钩）	没有完成的原因及分析
1	资本公积产生的来源。		
2	资本或股本溢价的计算与核算。		
3	其他资本公积的计算与核算。		

【关键技术环节师傅指导】

1. 计算资本或股本溢价、其他资本公积。
2. 编制资本或股本溢价、其他资本公积核算的会计分录。

【职业素质培养】

1. 分析经济业务的类型，涉及的会计要素和会计科目。
2. 计算资本或股本溢价、其他资本公积。
3. 编制资本或股本溢价、其他资本公积的会计分录。
4. 细心、严谨，认真计算与做账。

【知识能力与技术技能考核评价】

学校：______ 班级：______ 专业：______ 学徒姓名：______ 日期：______

学徒任务	资本公积核算				
自我鉴定（10分）	职业素养(3)	□优秀 3	□良好 2	□一般 1	□较差 1 以下
	工作态度(3)	□优秀 3	□良好 2	□一般 1	□较差 1 以下
	出勤率 (2)	□优秀 2	□良好 1.5	□一般 1	□较差 1 以下
	吃苦耐劳(2)	□优秀 2	□良好 1.5	□一般 1	□较差 1 以下
	得分：	学徒签名：		日期： 年 月 日	
专业技能（40分）	资本公积内容(6分)	□优秀 6	□良好 4	□一般 2	□较差 1
	资本公积计算(7分)	□优秀 7	□良好 5	□一般 3	□较差 1
	会计分录编制(6分)	□优秀 6	□良好 4	□一般 2	□较差 1
	编制记账凭证(7分)	□优秀 7	□良好 5	□一般 3	□较差 1
	绘制丁字账(7分)	□优秀 7	□良好 5	□一般 3	□较差 1
	登记账簿(7分)	□优秀 7	□良好 5	□一般 3	□较差 1
	得分：	企业师傅签名：		日期： 年 月 日	

续表

学徒任务	资本公积核算				
学徒关键职业能力及职业品质、工匠精神评价（50分）	工作态度（7分）	□优秀7	□良好5	□一般3	□较差1
	吃苦耐劳（7分）	□优秀7	□良好5	□一般3	□较差1
	团队协作（7分）	□优秀7	□良好5	□一般3	□较差1
	沟通交流（7分）	□优秀7	□良好5	□一般3	□较差1
	学习钻研（7分）	□优秀7	□良好5	□一般3	□较差1
	认真负责（7分）	□优秀7	□良好5	□一般3	□较差1
	诚实守信（8分）	□优秀8	□良好6	□一般4	□较差2
	得分：	企业师傅签名：		日期： 年 月 日	
综合评定	（1）综合得分				
	（2）实习等级	□优秀100	□良好80	□一般60	□较差60以下

任务三 留存收益核算

【任务目标与质量要求】

1. 盈余公积产生的来源。
2. 计算盈余公积、未分配利润。
3. 编制盈余公积、未分配利润的会计分录。

【学习任务与岗位能力】

1. 计算盈余公积和未分配利润。
2. 编制盈余公积和未分配利润的会计分录。

【岗位准备】

1. 与企业筹资部门密切协商，确定盈余公积提取种类、提取比例、用途，明确盈余公积的来源与使用。

2. 认真细心，与高管部门沟通，查看盈余公积、利润分配各种资料、合同、董事会会议记录等凭证。

3. 与企业管理部门协调，查看公司章程与协议有关利润分配的方案、审批、确定。

4. 与企业财务部门的领导沟通，确定盈余公积、利润分配的方案、比例、股东分配名单等相关资料。

【岗前培训】

一、 知识准备

（一） 留存收益概述

留存收益是指企业从历年实现的利润中提取或形成的留存于企业的内部积累，包括盈余公积和未分配利润两个部分。

盈余公积是指企业按规定从净利润中提取的企业积累资金。公司制企业的盈余公积包括法定盈余公积和任意盈余公积。法定盈余公积是指企业按照规定的比例从净利润提取的盈余公积。任意盈余公积是指企业按照股东会或股东大会决议提取的盈余公积。企业提取的盈余公积经批准可用于弥补亏损、转增资本或发放现金股利或利润等。

未分配利润是经过弥补亏损、提取盈余公积和向投资者分配利润等利润分配之后留存在企业、历年结存的利润。相对于所有者权益的其他部分来说，企业对于未分配利润的使用有较大的自主权。

（二） 留存收益的账务处理

1. 利润分配

利润分配是指企业根据国家有关规定和企业章程、投资者协议等，对企业当年可供分配的利润所进行的分配。

可供分配的利润＝当年实现的净利润（或净亏损）＋ 年初未分配利润（年初未弥补亏损）＋其他转入

利润分配的顺序依次是：①提取法定盈余公积；②提取任意盈余公积；③向投资者分配利润。

企业应通过“利润分配”科目，核算企业利润的分配（或亏损的弥补）和历年分配（或弥补）后的未分配利润（或未弥补亏损）。该科目应分别“提取法定盈余公积”“提取任意盈余公积”“应付现金股利或利润”“盈余公积补亏”“未分配利润”等进行明细核算。企业未分配利润通过“利润分配——未分配利润”明细科目进行核算。年度终了，企业应将全年实现的净利润或发生的净亏损，自“本年利润”科目转入“利润分配——未分配利润”科目，并将“利润分配”科目所属其他明细科目的余额，转入“未分配利润”明细科目。结转后，“利润分配——未分配利润”科目如为贷方余额，表示累积未分配的利润数额；如为借方余额，则表示累积未弥补的亏损数额。

2. 盈余公积

按照《公司法》有关规定，公司制企业应当按照净利润（减弥补以前年度亏损，下同）的10％提取法定盈余公积。按照《企业所得税法》规定，以前年度亏损（5年内）可用税前利润弥补，从第六年起只能用税后利润弥补。非公司制企业法定盈余公积的提取比例可超过净利润的10%。法定盈余公积累计额已达注册资本的50%时可以不再提取。值得注意的是，在计算提取法定盈余公积的基数时，不应包括企业年初未分配利润。如果以前年度有亏损（及年初未分配利润份额为负数），应先弥补以前年度亏损再提取盈余公积。

公司制企业可根据股东会或股东大会的决议提取任意盈余公积。非公司制企业经类似权力机构批准，也可提取任意盈余公积。法定盈余公积和任意盈余公积的区别在于其各自计提的依据不同，前者以国家的法律法规为依据，后者由企业的权力机构自行决定。

企业提取盈余公积经批准可用于弥补亏损、转增资本或发放现金股利或利润等。

（1）提取盈余公积；

（2）盈余公积补亏；

（3）盈余公积转增资本；

（4）用盈余公积发放现金股利或利润。

二、留存收益核算任务

1. D股份有限公司年初未分配利润为0，本年实现净利润2 000 000元，本年提取法定盈余公积200 000元，宣告发放现金股利800 000元。

2. 经股东大会批准，D股份有限公司用以前年度提取的盈余公积弥补当年亏损，当年弥补亏损的数额为600 000元。

3. 因扩大经营规模需要，经股东大会批准，D股份有限公司将盈余公积400 000元转增股本。

请编制留存收益核算的会计分录。

【工作任务实施】

编号	项目	完成标记（打对钩）	没有完成的原因及分析
1	盈余公积的计算与核算。		
2	未分配利润的计算与核算。		

【关键技术环节师傅指导】

1. 盈余公积、未分配利润的计算。

2. 编制盈余公积、未分配利润的会计分录。

【职业素质培养】

1. 分析经济业务的类型，涉及的会计要素和会计科目。
2. 计算盈余公积、未分配利润。
3. 核算能力，编制盈余公积、未分配利润会计分录。
4. 细心、严谨，认真计算与做账。

【知识能力与技术技能考核评价】

学校：________ 班级：________ 专业：________ 学徒姓名：________ 日期：________

学徒任务	留存收益核算				
自我鉴定（10分）	职业素养(3)	□优秀 3	□良好 2	□一般 1	□较差 1 以下
	工作态度(3)	□优秀 3	□良好 2	□一般 1	□较差 1 以下
	出勤率 (2)	□优秀 2	□良好 1.5	□一般 1	□较差 1 以下
	吃苦耐劳(2)	□优秀 2	□良好 1.5	□一般 1	□较差 1 以下
	得分：	学徒签名：		日期： 年 月 日	
专业技能（40分）	留存收益内容(6分)	□优秀 6	□良好 4	□一般 2	□较差 1
	留存收益计算(7分)	□优秀 7	□良好 5	□一般 3	□较差 1
	会计分录编制(6分)	□优秀 6	□良好 4	□一般 2	□较差 1
	编制记账凭证(7分)	□优秀 7	□良好 5	□一般 3	□较差 1
	绘制丁字账(7分)	□优秀 7	□良好 5	□一般 3	□较差 1
	登记账簿(7分)	□优秀 7	□良好 5	□一般 3	□较差 1
	得分：	企业师傅签名：		日期： 年 月 日	
学徒关键职业能力及职业品质、工匠精神评价（50分）	工作态度(7分)	□优秀 7	□良好 5	□一般 3	□较差 1
	吃苦耐劳(7分)	□优秀 7	□良好 5	□一般 3	□较差 1
	团队协作(7分)	□优秀 7	□良好 5	□一般 3	□较差 1
	沟通交流(7分)	□优秀 7	□良好 5	□一般 3	□较差 1
	学习钻研(7分)	□优秀 7	□良好 5	□一般 3	□较差 1
	认真负责(7分)	□优秀 7	□良好 5	□一般 3	□较差 1
	诚实守信(8分)	□优秀 8	□良好 6	□一般 4	□较差 2
	得分：	企业师傅签名：		日期： 年 月 日	
综合评定	(1)综合得分				
	(2)实习等级	□优秀 100	□良好 80	□一般 60	□较差 60 以下

项目五
收入核算

任务一　商品销售收入

【任务目标与质量要求】

1. 一般销售商品、发出商品、商业折扣、现金折扣、销售折让、销售退回、预收款方式销售商品、支付手续费方式委托代销商品的计算。

2. 一般销售商品、发出商品、商业折扣、现金折扣、销售折让、销售退回、预收款方式销售商品、支付手续费方式委托代销商品会计分录的编制。

【学习任务与岗位能力】

1. 商品销售收入的计算。

2. 商品销售收入核算的会计分录的编制。

【岗位准备】

1. 与企业销售部门密切协商，确定销售合同，明确销售的渠道、结算方式、信用选择。

2. 认真细心，与仓库部门、销售部沟通，查看销售的价格、合同、发货方式、时间、结算凭证、信用方式及其选择。

3. 与企业生产部门协调，查看销售商品的成本资料各种凭证。

4. 与企业财务部门的领导沟通，确定销售优惠、运费、发货等相关资料。

【岗前培训】

一、 知识准备

收入是指企业在日常活动中形成的、会导致所有者权益增加的、与所有者投入资本无关的经济利益的总流入。收入按企业从事日常活动的性质不同，分为销售商品收入、提供劳务收入和让渡资产使用权收入。

（一） 销售商品收入的确认

销售商品收入同时满足下列条件的，才能予以确认：

（1） 企业已将商品所有权上的主要风险和报酬转移给购货方；

（2） 企业既没有保留通常与所有权相联系的继续管理权，也没有对已售出的商品实施有效控制；

（3） 相关的经济利益很可能流入企业；

（4） 收入的金额能够可靠地计量；

（5） 相关的已发生或将发生的成本能够可靠地计量。

（二） 销售商品收入的会计处理

销售商品收入的会计处理主要涉及一般销售商品业务，已经发出商品但不符合收入确认条件的销售业务，商业折扣、现金折扣、销售折让，销售退回，采用预收款方式销售商品，采用支付手续费方式委托代销商品等情况。

（1） 一般销售商品收入的会计处理；

（2） 已经发出但不符合销售商品收入确认条件的商品的处理；

（3） 商业折扣、现金折扣和销售折让的处理；

（4） 销售退回的处理；

（5） 采用预收款方式销售商品的处理；

（6） 采用支付手续费方式委托代销商品的处理；

（7） 销售材料等存货的处理。

二、 商品销售收入核算任务

1. 新疆新红有限责任公司采用托收承付结算方式销售一批商品，开出的增值税专用发票上注明销售价为 600 000 元，增值税税额为 78 000 元；商品已经发出，并已向银行办妥托收手续；该批商品的成本为 420 000 元。

2. 新疆新红有限责任公司于 2019 年 5 月 3 日采用托收承付结算方式向 A 公司销售商品，开出的增值税专用发票上注明售价为 100 000 元，增值税税额为 13 000 元；该批商品成本为 60 000 元。公司在销售该批商品时已得知 A 公司资金流转发生暂时困难，但为了减少存货积压，同时为了维持与 A 公司长期来建立的商业关系，公司仍将商品发出，并办妥托收手续。假定新疆新红有限责任公司销售该商品的纳税义务已经发生。

编制商品销售收入的会计分录。

【工作任务实施】

编号	项目	完成标记（打对钩）	没有完成的原因及分析
1	1. 一般销售商品、发出商品、商业折扣、现金折扣、销售折让、销售退回、预收款方式销售商品、支付手续费方式委托代销商品的计算。		
2	2. 一般销售商品、发出商品、商业折扣、现金折扣、销售折让、销售退回、预收款方式销售商品、支付手续费方式委托代销商品的会计分录的编制。		

【关键技术环节师傅指导】

1. 各种不同形式销售收入的计算。
2. 商品销售收入会计分录的编制。

【职业素质培养】

1. 分析经济业务的类型，涉及的会计要素和会计科目。
2. 计算商品销售收入。
3. 编制收入核算的会计分录。
4. 细心、严谨，认真计算与做账。

【知识能力与技术技能考核评价】

学校：______ 班级：______ 专业：______ 学徒姓名：______ 日期：______

学徒任务	商品销售收入核算				
自我鉴定（10 分）	职业素养(3)	□优秀 3	□良好 2	□一般 1	□较差 1 以下
	工作态度(3)	□优秀 3	□良好 2	□一般 1	□较差 1 以下
	出勤率 (2)	□优秀 2	□良好 1.5	□一般 1	□较差 1 以下
	吃苦耐劳(2)	□优秀 2	□良好 1.5	□一般 1	□较差 1 以下
	得分： 学徒签名： 日期： 年 月 日				
专业技能（40 分）	商品销售收入内容（6 分）	□优秀 6	□良好 4	□一般 2	□较差 1
	商品销售收入计算（7 分）	□优秀 7	□良好 5	□一般 3	□较差 1
	会计分录编制(6 分)	□优秀 6	□良好 4	□一般 2	□较差 1
	编制记账凭证(7 分)	□优秀 7	□良好 5	□一般 3	□较差 1
	绘制丁字账(7 分)	□优秀 7	□良好 5	□一般 3	□较差 1
	登记账簿(7 分)	□优秀 7	□良好 5	□一般 3	□较差 1
	得分： 企业师傅签名： 日期： 年 月 日				
学徒关键职业能力及职业品质、工匠精神评价（50 分）	工作态度(7 分)	□优秀 7	□良好 5	□一般 3	□较差 1
	吃苦耐劳(7 分)	□优秀 7	□良好 5	□一般 3	□较差 1
	团队协作(7 分)	□优秀 7	□良好 5	□一般 3	□较差 1
	沟通交流(7 分)	□优秀 7	□良好 5	□一般 3	□较差 1
	学习钻研(7 分)	□优秀 7	□良好 5	□一般 3	□较差 1
	认真负责(7 分)	□优秀 7	□良好 5	□一般 3	□较差 1
	诚实守信(8 分)	□优秀 8	□良好 6	□一般 4	□较差 2
	得分： 企业师傅签名： 日期： 年 月 日				
综合评定	(1)综合得分				
	(2)实习等级	□优秀 100	□良好 80	□一般 60	□较差 60 以下

任务二 劳务收入

【任务目标与质量要求】

1. 劳务的开始与完成在同一个会计期间的计算与会计分录的编制。

2. 劳务的开始与完成不在同一个会计期间的计算与会计分录的编制。

3. 劳务成果能够可靠计量与劳务成果不能可靠计量的计算。

4. 编制不同情况下劳务收入的会计分录。

【学习任务与岗位能力】

1. 完工百分比法下劳务收入的计算。

2. 劳务结果不能可靠估计下劳务收入核算会计分录的编制。

【岗位准备】

1. 与企业服务部门密切协商，确定劳务合同，明确劳务提供的方式、结算方式、信用选择。

2. 认真细心，与服务部门、销售部沟通，查看劳务的价格、合同、提供方式、时间、结算凭证、信用方式及其选择。

3. 与企业劳务部门协调，查看劳务的成本资料等各种凭证。

4. 与企业财务部门的领导沟通，确定劳务优惠、运费、劳务提供等相关资料。

【岗前培训】

一、 知识准备

企业提供劳务的种类很多，如旅游、运输、饮食、广告、咨询、代理、培训、产品安装等。有的劳务一次就能完成，且一般为现金交易，如饮食、理发、照相等；有的劳务需要花费一段较长的时间才能完成，如安装、旅游、培训、远洋运输等。

企业提供劳务收入的确认原则因劳务完成时间的不同而不同。

（一） 在同一会计期间内开始并完成的劳务

对于一次就能完成的劳务，或在同一会计期间内开始并完成的劳务，应在提供劳务交易完成时确认收入，确认的金额通常为从接受劳务方已收或应收的合同或协议价款，确认原则可参照销售商品收入的确认原则。

企业对外提供劳务，如属于企业的主营业务，所实现的收入应作为主营业务收入处理，结转的相关成本应作为主营业务成本处理；如属于主营业务以外的其他经营活动，所实现的收入应作为其他业务收入处理，结转的相关成本应作为其他业务成本处理。企业对外提供劳务发生的支出一般先通过“劳务成本”科目予以归集，待确认为费用时，再由“劳务成本”科目转入“主营业务成本”或“其他业务成本”科目。

（二） 劳务的开始和完成分属不同的会计期间

1. 提供劳务交易结果能够可靠估计

如劳务的开始和完成分属不同的会计期间，且企业在资产负债表日提供劳务交易的结果能够可靠估计的，应采用完工百分比法确认提供劳务收入。同时满足下列条件的，提供劳务交易的结果能够可靠估计：

（1）收入的金额能够可靠地计量。

（2）相关的经济利益很可能流入企业。

（3）交易的完工进度能够可靠地确定。

企业可以根据提供劳务的特点，选用下列方法确定提供劳务交易的完工进度：

①已完工作的测量，这是一种比较专业的测量方法，由专业测量师对已经提供的劳务进行测量，并按一定方法计算确定提供劳务交易的完工程度。

②已经提供的劳务占应提供劳务总量的比例，这种方法主要以劳务量为标准确定提供劳务交易的完工程度。

③已经发生的成本占估计总成本的比例，这种方法主要以成本为标准确定提供劳务交易的完工程度。只有反映已提供劳务的成本才能包括在已经发生的成本中，只有反映已提供或将提供劳务的成本才能包括在估计总成本中。

（4）交易中已发生和将发生的成本能够可靠地计量。

完工百分比法是指按照提供劳务交易的完工进度确认收入与费用的方法。完工百分比法下，本期应确认劳务收入及费用的计算公式如下：

本期应确认的收入＝劳务总收入×本期为止劳务的完工进度－以前期间已确认的收入

本期确认的费用＝劳务总成本×本期为止劳务的完工进度－以前期间已确认的费用

上述公式中的劳务总收入通常按照从接受劳务方已收到的合同或协议款确定。在劳务总收入和总成本能够可靠计量的情况下，关键是确定劳务的完工进度。企业应根据所提供劳务的特点，选择确定劳务完工完成进度的方法。

2. 提供劳务交易结果不能可靠估计

如劳务的开始和完成分属不同的会计期间，且企业在资产负债表日提供劳务交易结果不能可靠估计的，即不能同时满足上述4个条件的，不能采用完工百分比法确认提供劳务收入。此时，企业应当正确预计已经发生的劳务成本能否得到补偿，分别下列情况处理：

（1）已经发生的劳务成本预计全部能够得到补偿的，应按已收或预计能够收回的金额确认提供劳务收入，并结转已经发生的劳务成本。

（2）已经发生的劳务成本预计部分能够得到补偿的，应按能够得到补偿的劳务成本金额确认提供劳务收入，并结转已经发生的劳务成本。

（3）发生的劳务成本预计全部不能得到补偿的，应将已经发生的劳务成本计入当期损益（主营业务成本或其他业务成本），不确认提供劳务收入。

二、 劳务收入核算任务

新疆新红有限责任公司于2019年4月10日接受一项设备安装任务，该安装任务可一次完成，合同总价款为9 000元，实际发生安装成本5 000元。假定该安装业务属于公司的主营业务，不考虑相关税费，在安装完成时，公司应编制的会计分录；如分次完成，公司编制的会计分录又是怎样的。

【工作任务实施】

编号	项目	完成标记（打对钩）	没有完成的原因及分析
1	劳务的开始与完成在同一个会计期间的计算与核算。		
2	劳务成果能可靠计量的计算与核算。		
3	劳务成果不能可靠计量的计算与核算。		

【关键技术环节师傅指导】

1. 劳务成果能可靠计量的计算与会计分录的编制。
2. 劳务成果不能可靠计量的计算与会计分录的编制。

【职业素质培养】

1. 分析经济业务的类型，涉及的会计要素和会计科目。
2. 计算劳务收入。
3. 编制劳务收入核算的会计分录。
4. 细心、严谨，认真计算与做账。

【知识能力与技术技能考核评价】

学校：________ 班级：______ 专业：______ 学徒姓名：______ 日期：______

学徒任务	劳务收入核算				
自我鉴定（10分）	职业素养(3)	□优秀 3	□良好 2	□一般 1	□较差 1 以下
	工作态度(3)	□优秀 3	□良好 2	□一般 1	□较差 1 以下
	出勤率 (2)	□优秀 2	□良好 1.5	□一般 1	□较差 1 以下
	吃苦耐劳(2)	□优秀 2	□良好 1.5	□一般 1	□较差 1 以下
	得分：		学徒签名：	日期： 年 月 日	

续表

学徒任务	劳务收入核算				
专业技能（40 分）	劳务收入内容（6 分）	□优秀 6	□良好 4	□一般 2	□较差 1
	劳务收入计算（7 分）	□优秀 7	□良好 5	□一般 3	□较差 1
	会计分录编制（6 分）	□优秀 6	□良好 4	□一般 2	□较差 1
	编制记账凭证（7 分）	□优秀 7	□良好 5	□一般 3	□较差 1
	绘制丁字账（7 分）	□优秀 7	□良好 5	□一般 3	□较差 1
	登记账簿（7 分）	□优秀 7	□良好 5	□一般 3	□较差 1
	得分：　　企业师傅签名：　　日期：　年　月　日				
学徒关键职业能力及职业品质、工匠精神评价（50 分）	工作态度（7 分）	□优秀 7	□良好 5	□一般 3	□较差 1
	吃苦耐劳（7 分）	□优秀 7	□良好 5	□一般 3	□较差 1
	团队协作（7 分）	□优秀 7	□良好 5	□一般 3	□较差 1
	沟通交流（7 分）	□优秀 7	□良好 5	□一般 3	□较差 1
	学习钻研（7 分）	□优秀 7	□良好 5	□一般 3	□较差 1
	认真负责（7 分）	□优秀 7	□良好 5	□一般 3	□较差 1
	诚实守信（8 分）	□优秀 8	□良好 6	□一般 4	□较差 2
	得分：　　企业师傅签名：　　日期：　年　月　日				
综合评定	(1)综合得分				
	(2)实习等级	□优秀 100	□良好 80	□一般 60	□较差 60 以下

任务三　让渡资产使用权收入

【任务目标与质量要求】

1. 使用费一次性收取且不提供后续服务的计算与会计分录的编制。
2. 使用费一次性收取提供后续服务的计算与会计分录的编制。
3. 使用费分次收取的计算与会计分录的编制。

【学习任务与岗位能力】

1. 不同情况下让渡资产使用权收入的计算。
2. 不同情况下让渡资产使用权收入核算会计分录的编制。

【岗位准备】

1. 与企业租赁等部门密切协商，确定使用权转让合同，明确转让方式、结算方式、信用选择。

2. 认真细心，与管理部门沟通，查看使用费的价格、合同、转让方式、时间、结算凭证、信用方式及其选择。

3. 与企业租赁部门协调，查看转让的成本资料各种凭证。

4. 与企业财务部门的领导沟通，确定转让优惠、方式、费用等相关资料。

【岗前培训】

一、 知识准备

让渡资产使用权收入主要指让渡无形资产使用权的使用费收入。出租固定资产取得的租金，进行债权投资收取的利息，进行股权投资取得的现金股利等，也构成让渡资产使用权收入。

（一）让渡资产使用权的使用费收入的确认和计量原则

让渡资产使用权的使用费收入同时满足下列条件的，才能予以确认：

（1）相关的经济利益很可能流入企业。企业在确定让渡资产使用权的使用费收入金额是否很可能收回时，应当根据对方企业的信誉和生产经营情况、双方就结算方式和期限等达成的合同或协议条款等因素，综合进行判断。如果企业估计使用费收入金额收回的可能性不大，就不应确认收入。

（2）收入的金额能够可靠地计量。当让渡资产使用权的使用费收入金额能够可靠估计时，企业才能确认收入。

让渡资产使用权的使用费收入金额，应按照有关合同或协议约定的收费时间和方法计算确定。如果合同或协议规定一次性收取使用费，且不提供后续服务的，应当视同销售该项资产一次性确认收入；提供后续服务的，应在合同或协议规定的有效期内分期确认收入。如果合同或协议规定分期收取使用费的，应按合同或协议规定的收款时间和金额或规定的收费方法计算确定的金额分期确认收入。

（二）让渡资产使用权的使用费收入的账务处理

企业让渡资产使用权的使用费收入，一般通过“其他业务收入”处理；让渡资产所计提的摊销额等，一般通过“其他业务成本”处理。

二、 让渡资产使用权收入任务

1. 甲公司向乙公司转让某软件的使用权，一次性收取使用费 60 000 元，不提供后续服务，款项已经收回。假定不考虑相关税费。

2. 甲公司于 2019 年 5 月 1 日向丙公司转让某专利权的使用权，协议约定转让期为 5 年，每年年末收取使用费 200 000 元。2019 年该专利权计提的摊销额为 120 000 元，每月计提金额为 10 000 元。假定不考虑其他因素。

编制让渡资产使用权收入的会计分录。

【工作任务实施】

编号	项目	完成标记（打对钩）	没有完成的原因及分析
1	使用费一次收取不支付后续费用的计算与核算。		
2	使用费一次收取支付后续费用的计算与核算。		
3	使用费分次收取的计算与核算。		

【关键技术环节师傅指导】

1. 使用费一次性收取不提供后续费用与使用费一次性收取提供后续费用、分次收取使用费的计算。

2. 编制让渡资产使用权收入核算的会计分录。

【职业素质培养】

1. 分析经济业务的类型，涉及的会计要素和会计科目。
2. 计算让渡资产使用权收入。
3. 编制让渡资产使用权收入核算的会计分录。
4. 细心、严谨，认真计算与做账。

【知识能力与技术技能考核评价】

学校：________ 班级：______ 专业：______ 学徒姓名：______ 日期：______

学徒任务	让渡资产使用权收入核算				
自我鉴定（10 分）	职业素养(3)	□优秀 3	□良好 2	□一般 1	□较差 1 以下
	工作态度(3)	□优秀 3	□良好 2	□一般 1	□较差 1 以下
	出勤率　(2)	□优秀 2	□良好 1.5	□一般 1	□较差 1 以下
	吃苦耐劳(2)	□优秀 2	□良好 1.5	□一般 1	□较差 1 以下
	得分：	学徒签名：		日期：　年　月　日	

续表

学徒任务	让渡资产使用权收入核算				
专业技能（40分）	让渡资产使用权收入内容（6分）	□优秀6	□良好4	□一般2	□较差1
	让渡资产使用权收入计算（7分）	□优秀7	□良好5	□一般3	□较差1
	会计分录编制（6分）	□优秀6	□良好4	□一般2	□较差1
	编制记账凭证（7分）	□优秀7	□良好5	□一般3	□较差1
	绘制丁字账（7分）	□优秀7	□良好5	□一般3	□较差1
	登记账簿（7分）	□优秀7	□良好5	□一般3	□较差1
	得分：	企业师傅签名：		日期：　年　月　日	
学徒关键职业能力及职业品质、工匠精神评价（50分）	工作态度（7分）	□优秀7	□良好5	□一般3	□较差1
	吃苦耐劳（7分）	□优秀7	□良好5	□一般3	□较差1
	团队协作（7分）	□优秀7	□良好5	□一般3	□较差1
	沟通交流（7分）	□优秀7	□良好5	□一般3	□较差1
	学习钻研（7分）	□优秀7	□良好5	□一般3	□较差1
	认真负责（7分）	□优秀7	□良好5	□一般3	□较差1
	诚实守信（8分）	□优秀8	□良好6	□一般4	□较差2
	得分：	企业师傅签名：		日期：　年　月　日	
综合评定	（1）综合得分				
	（2）实习等级	□优秀100	□良好80	□一般60	□较差60以下

任务四　应收款项核算

【任务目标与质量要求】

1. 应收账款、应收票据、预收账款、坏账准备的计算。
2. 应收账款、应收票据、预收账款、坏账准备会计分录的编制。

【学习任务与岗位能力】

1. 应收账款、应收票据、预收账款的计算。
2. 应收账款、应收票据、预收账款核算会计分录的编制。

【岗位准备】

1. 与企业销售、仓库等部门密切协商，确定销售收入合同，明确销售方式、结算方式、信用选择。

2. 认真细心，与合同管理部门沟通，查看销售的价格、合同、转让方式、时间、结算凭证、信用方式及其选择。

3. 与企业销售部门协调，查看销售价格资料的各种凭证。

4. 与企业财务部门的领导沟通，确定销售优惠、方式、费用等相关资料。

【岗前培训】

一、知识准备

应收及预付款项是指企业在日常生产经营过程中发生的各项债权，包括应收款项和预付款项。应收款项包括应收票据、应收账款和其他应收款等；预付款项则是指企业按照合同规定预付的款项，如预付账款等。

（一）应收账款

应收账款是指企业因销售商品、提供劳务等经营活动，应向购货单位或接受劳务单位收取的款项，主要包括企业销售商品或提供劳务等应向有关债务人收取的价款及代购货单位垫付的包装费、运杂费等。

1. 设置账户

为了反映和监督应收账款的增减变动及其结存情况，企业应设置“应收账款”科目，不单独设置“预收账款”科目的企业，预收的账款也在“应收账款”科目核算。“应收账款”科目的借方登记应收账款的增加，贷方登记应收账款的收回及确认的坏账损失，期末余额一般在借方，反映企业尚未收回的应收账款；如果期末余额在贷方，则反映企业预收的账款。

2. 核算

借：应收账款

　　贷：主营业务收入

　　　　应交税费——应交增值税（销项税额）

（二）应收票据

1. 应收票据概述

应收票据是指企业因销售商品、提供劳务等而收到的商业汇票。商业汇票是一种由出票人签发的，委托付款人在指定日期无条件支付确定金额给收款人或者持票人的票据。

商业汇票的付款期限，最长不得超过六个月。定日付款的汇票付款期限自出票日起计算，并在汇票上记载具体到期日；出票后定期付款的汇票付款期限自出票日起按月计算，并在汇票上记载；见票后定期付款的汇票付款期限自承兑或拒绝承兑日起按月计算，并在汇票上记载。商业汇票的提示付款期限，自汇票到期日起 10 日。符合条件的商业汇票的持票人，可以持未到期的商业汇票连同贴现凭证向银行申请贴现。

根据承兑人不同，商业汇票分为商业承兑汇票和银行承兑汇票。

2. 应收票据的核算

为了反映和监督应收票据取得、票款收回等经济业务，企业应当设置“应收票据”科目，借方登记取得的应收票据的面值，贷方登记到期收回票款或到期前向银行贴现的应收票据的票面余额，期末余额在借方，反映企业持有的商业汇票的票面金额。本科目可按照开出承兑商业汇票的单位进行明细核算，并设置“应收票据备查簿”，逐笔登记商业汇票的种类、号数和出票日、票面金额、交易合同号和付款人、承兑人、背书人的姓名或单位名称、到期日、背书转让日、贴现日、贴现率和贴现净额以及收款日和收回金额、退票情况等资料。商业汇票到期结清票款或退票后，在备查簿中应予注销。

（1）取得应收票据和收回到期票款　应收票据取得的原因不同，其会计处理亦有所区别。因债务人抵偿前欠货款而取得的应收票据，借记“应收票据”科目，贷记“应收账款”科目；因企业销售商品、提供劳务等而收到开出、承兑的商业汇票，借记“应收票据”科目，贷记“主营业务收入”“应交税费——应交增值税（销项税额）”等科目。商业汇票到期收回款项时，应按实际收到的金额，借记“银行存款”科目，贷记“应收票据”科目。

（2）转让应收票据　实务中，企业可以将自己持有的商业汇票背书转让。背书是指在票据背面或者粘单上记载有关事项并签章的票据行为。背书转让的，背书人应当承担票据责任。企业将持有的商业汇票背书转让以取得所需物资时，按应计入取得物资成本的金额，借记“材料采购”或“原材料”“库存商品”等科目，按专用发票上注明的可抵扣的增值税额，借记“应交税费——应交增值税（进项税额）”科目，按商业汇票的票面金额，贷记“应收票据”科目，如有差额，借记或贷记“银行存款”等科目。

（三）应收款项减值

企业应当在资产负债表日对应收款项的账面价值进行检查，有客观证据表明该应收款项发生减值的，应当将该应收款项的账面价值减记至预计未来现金流量现值，减记的金额确认减值损失，计提坏账准备。

企业应当设置“坏账准备”科目，核算应收款项的坏账准备计提、转销等情况。企业当期计提的坏账准备应当计入资产减值损失。“坏账准备”科目的贷方登记当期计提的坏账准备金额，借方登记实际发生的坏账损失金额和冲减的坏账准备金额，期末余额一般在贷方，反映企业已计提但尚未转销的坏账准备。

坏账准备可按以下公式计算：

当期应计提的坏账准备＝当期按应收款项计算应提坏账准备金－（或＋）“坏账准备”科目的贷方（或借方）余额

企业计提坏账准备时，按应减记的金额，借记“资产减值损失——计提的坏账准备”科目，贷记“坏账准备”科目。冲减多计提的坏账准备时，借记“坏账准备”科目，贷记“资产减值损失——计提的坏账准备”科目。

企业确实无法收回的应收款项按管理权限报经批准后作为坏账转销时，应当冲减已计提的坏账准备。已确认并转销的应收款项以后又收回的，应当按照实际收到的金额增加坏账准备的账面余额。企业发生坏账损失时，借记“坏账准备”科目，贷记“应收账款”“其他应收款”等科目。已确认并转销的应收款项以后又收回时，借记“应收账款”“其他应收款”等科目，贷记“坏账准备”科目；同时，借记“银行存款”科目，贷记“应收账款”“其他应收款”等科目。也可以按照实际收回的金额，借记“银行存款”科目，贷记“坏账准备”科目。

（四）预收账款

1. 预收账款定义

预收账款是指企业按照合同规定向购货单位预收的款项。预收账款与应付账款同为企业短期债权，但与应付账款不同的是，预收账款所形成的负债不是以货币偿付，而是以货物偿付。

2. 预收账款的核算

（1）预收账款账户设置　企业应通过“预收账款”科目，核算预收账款的取得、偿付等情况。该科目贷方登记发生的预收账款的数额和购货单位补付账款的数额，借方登记企业向购货方发货后冲销的预收账款数额和退回购货方多付账款的数额，余额一般在贷方，反映企业向购货单位预收款项但尚未向购货方发货的数额，如为借方余额，反映企业应收的账款。企业应当按照购货单位设置明细科目进行明细核算。

（2）预收账款核算　企业向购货单位预收款项时，借记“银行存款”科目，贷记“预收账款”科目；销售实现时，按实现的收入和应交的增值税销项税额，借记“预收账款”科目，按照实现的营业收入，贷记“主营业务收入”科目，按照增值税专用发票上注明的增值税额，贷记“应交税费——应交增值税（销项税额）”等科目；企业收到购货单位补付的款项，借记“银行存款”科目，贷记“预收账款”科目；向购货单位退回其多付的款项时，借记“预收账款”科目，贷记“银行存款”科目。

企业预收账款业务不多的，也可不单独设置“预收账款”科目，其所发生的预收货款，可通过“应收账款”科目核算。

二、应收款项核算任务

（1）新疆新红有限责任公司 2019 年 5 月 1 日向甲公司销售一批产品，货款为

1 500 000 元，尚未收到，已办妥托收手续，适用增值税税率为 13%。

（2）7 月 15 日，新疆新红有限责任公司收到甲公司寄来一张 3 个月期的商业承兑汇票，面值为 1 695 000 元，抵付产品货款。

（3）新疆新红有限责任公司于 8 月 15 日将上述应收票据背书转让，以取得生产经营所需的 A 种材料，该材料金额为 1 500 000 元，适用增值税税率为 13%。

（4）新疆新红有限责任公司为增值税一般纳税人。2019 年 6 月 3 日，公司与甲公司签订供货合同，向甲公司出售一批产品，货款金额共计 200 000 元，应交纳增值税 26 000 元。根据购货合同规定，甲公司在购货合同签订一周内，应当向公司预付货款 120 000 元，剩余货款在交货后付清。2019 年 6 月 9 日，公司收到甲公司交来的预付款 120 000 元，并存入银行，6 月 19 日公司将货物发到甲公司并开出增值税发票，甲公司验收合格后付清了剩余货款。

编制上述应收款项核算的会计分录。

【工作任务实施】

编号	项目	完成标记（打对钩）	没有完成的原因及分析
1	应收账款的计算与核算		
2	应收票据的计算与核算		
3	预收账款的计算与核算		
4	坏账准备的计算与核算		

【关键技术环节师傅指导】

1. 应收账款、应收票据、预收账款、坏账准备的计算。
2. 坏账准备会计分录的编制。

【职业素质培养】

1. 分析经济业务的类型，涉及的会计要素和会计科目。
2. 计算应收账款、应收票据、预收账款、坏账准备。
3. 编制应收账款、应收票据、预收账款、坏账准备核算的会计分录。
4. 细心、严谨，认真计算与做账。

【知识能力与技术技能考核评价】

学校：______ 班级：______ 专业：______ 学徒姓名：______ 日期：______

学徒任务	应收款项核算				
自我鉴定（10分）	职业素养(3)	□优秀 3	□良好 2	□一般 1	□较差 1 以下
	工作态度(3)	□优秀 3	□良好 2	□一般 1	□较差 1 以下
	出勤率　(2)	□优秀 2	□良好 1.5	□一般 1	□较差 1 以下
	吃苦耐劳(2)	□优秀 2	□良好 1.5	□一般 1	□较差 1 以下
	得分：	学徒签名：		日期：　年　月　日	
专业技能（40分）	应收款项内容(6分)	□优秀 6	□良好 4	□一般 2	□较差 1
	应收款项计算(7分)	□优秀 7	□良好 5	□一般 3	□较差 1
	会计分录编制(6分)	□优秀 6	□良好 4	□一般 2	□较差 1
	编制记账凭证(7分)	□优秀 7	□良好 5	□一般 3	□较差 1
	绘制丁字账(7分)	□优秀 7	□良好 5	□一般 3	□较差 1
	登记账簿(7分)	□优秀 7	□良好 5	□一般 3	□较差 1
	得分：	企业师傅签名：		日期：　年　月　日	
学徒关键职业能力及职业品质、工匠精神评价（50分）	工作态度(7分)	□优秀 7	□良好 5	□一般 3	□较差 1
	吃苦耐劳(7分)	□优秀 7	□良好 5	□一般 3	□较差 1
	团队协作(7分)	□优秀 7	□良好 5	□一般 3	□较差 1
	沟通交流(7分)	□优秀 7	□良好 5	□一般 3	□较差 1
	学习钻研(7分)	□优秀 7	□良好 5	□一般 3	□较差 1
	认真负责(7分)	□优秀 7	□良好 5	□一般 3	□较差 1
	诚实守信(8分)	□优秀 8	□良好 6	□一般 4	□较差 2
	得分：	企业师傅签名：		日期：　年　月　日	
综合评定	(1)综合得分				
	(2)实习等级	□优秀 100	□良好 80	□一般 60	□较差 60 以下

项目六
费用核算

【任务目标与质量要求】

1. 营业成本、税金及附加、管理费用、销售费用、财务费用的计算。
2. 营业成本、税金及附加、管理费用、销售费用、财务费用会计分录的编制。

【学习任务与岗位能力】

1. 营业成本、税金及附加、期间费用的计算。
2. 营业成本、税金及附加、期间费用会计分录的编制。

【岗位准备】

1. 与企业生产、管理、销售部门、在建工程等部门密切协商，确定费用内容，明确费用用途、结算方式。

2. 认真细心，与仓库部门、销售部沟通，查看各项费用签订合同的方式、时间、结算凭证、信用方式及其选择。

3. 与企业生产、管理、销售部门、在建工程等部门协调，查看费用、成本资料各种凭证。

4. 与企业财务部门的领导沟通，确定财务费用等相关资料。

【岗前培训】

一、知识准备

（一）费用的概念和特征

费用是指企业在日常活动中发生的、会导致所有者权益减少的、与向所有者分配利润无关的经济利益的总流出。

费用具有以下特点：

（1）费用是企业在日常活动中发生的经济利益的总流出；

（2）费用会导致企业所有者权益的减少；

（3）费用与向所有者分配利润无关。

（二）费用的主要内容及其核算

企业的费用主要包括主营业务成本、其他业务成本、税金及附加、销售费用、管理费用和财务费用等。

1. 主营业务成本

主营业务成本是指企业销售商品、提供劳务等经常性活动所发生的成本。企业一般在确认销售商品、提供劳务等主营业务收入时，或在月末，将已销售商品、已提供劳务的成本结转入主营业务成本。

2. 其他业务成本

其他业务成本是指企业除主营业务活动以外的其他经营活动所发生的成本。

3. 税金及附加

税金及附加是指企业经营活动应负担的相关税费。

4. 销售费用

企业应通过“销售费用”科目，核算销售费用的发生和结转情况。该科目借方登记企业所发生的各项销售费用，贷方登记期末结转入“本年利润”科目的销售费用，结转后该科目应无余额。该科目应按销售费用的费用项目进行明细核算。

5. 管理费用

企业应通过“管理费用”科目，核算管理费用的发生和结转情况。该科目借方登记企业发生的各项管理费用，贷方登记期末转入“本年利润”科目的管理费用，结转后该科目应无余额。该科目应按管理费用的费用项目进行明细核算。

6. 财务费用

财务费用是指企业为筹集生产经营所需资金等而发生的筹资费用，包括利息支出（减利息收入）、汇兑损益以及相关的手续费、企业发生的现金折扣或收到的现金折扣等。

企业应通过“财务费用”科目，核算财务费用的发生和结转情况，该科目借方登记企业发生的各项财务费用，贷方登记期末结转入“本年利润”科目的财务费用，结转后该科目应无余额。该科目应按财务费用的费用项目进行明细核算。

二、 费用核算任务

(1) 新疆新红有限责任公司销售部8月份共发生销售人员薪酬100 000元。

(2) 新疆新红有限责任公司行政部9月份共发生行政部专用办公设备折旧费45 000元。

(3) 新疆新红有限责任公司于2017年1月1日从银行借入生产经营用短期借款360 000元，期限6个月，年利率5%，该借款本金到期后一次归还，利息分月预提，按季支付。假定所有利息均不符合利息资本化条件。

编制费用核算的会计分录。

【工作任务实施】

编号	项目	完成标记（打对钩）	没有完成的原因及分析
1	营业成本计算与核算。		
2	税金及附加的计算与核算。		
3	管理费用的计算与核算。		
4	销售费用计算与核算。		
5	财务费用计算与核算。		

【关键技术环节师傅指导】

1. 成本费用的计算。
2. 成本费用核算会计分录的编制。

【职业素质培养】

1. 分析经济业务的类型，涉及的会计要素和会计科目。
2. 计算成本费用。
3. 编制费用核算的会计分录。
4. 细心、严谨，认真计算与做账。

【知识能力与技术技能考核评价】

学校：＿＿＿＿＿＿ 班级：＿＿＿＿ 专业：＿＿＿＿ 学徒姓名：＿＿＿＿ 日期：＿＿＿

学徒任务	费用核算				
自我鉴定(10 分)	职业素养(3)	□优秀 3	□良好 2	□一般 1	□较差 1 以下
	工作态度(3)	□优秀 3	□良好 2	□一般 1	□较差 1 以下
	出勤率 (2)	□优秀 2	□良好 1.5	□一般 1	□较差 1 以下
	吃苦耐劳(2)	□优秀 2	□良好 1.5	□一般 1	□较差 1 以下
	得分：	学徒签名：		日期： 年 月 日	
专业技能(40 分)	费用内容(6 分)	□优秀 6	□良好 4	□一般 2	□较差 1
	费用计算(7 分)	□优秀 7	□良好 5	□一般 3	□较差 1
	会计分录编制(6 分)	□优秀 6	□良好 4	□一般 2	□较差 1
	编制记账凭证(7 分)	□优秀 7	□良好 5	□一般 3	□较差 1
	绘制丁字账(7 分)	□优秀 7	□良好 5	□一般 3	□较差 1
	登记账簿(7 分)	□优秀 7	□良好 5	□一般 3	□较差 1
	得分：	企业师傅签名：		日期： 年 月 日	
学徒关键职业能力及职业品质、工匠精神评价(50 分)	工作态度(7 分)	□优秀 7	□良好 5	□一般 3	□较差 1
	吃苦耐劳(7 分)	□优秀 7	□良好 5	□一般 3	□较差 1
	团队协作(7 分)	□优秀 7	□良好 5	□一般 3	□较差 1
	沟通交流(7 分)	□优秀 7	□良好 5	□一般 3	□较差 1
	学习钻研(7 分)	□优秀 7	□良好 5	□一般 3	□较差 1
	认真负责(7 分)	□优秀 7	□良好 5	□一般 3	□较差 1
	诚实守信(8 分)	□优秀 8	□良好 6	□一般 4	□较差 2
	得分：	企业师傅签名：		日期： 年 月 日	
综合评定	(1)综合得分				
	(2)实习等级	□优秀 100	□良好 80	□一般 60	□较差 60 以下

项目七 职工薪酬核算

【任务目标与质量要求】

1. 准确计算货币性薪酬、非货币性薪酬、福利费、工会经费、教育经费、养老保险、医疗保险、生育报销等社会保险。

2. 正确编制货币性薪酬、非货币性薪酬、福利费、工会经费、教育经费、养老保险、医疗保险、生育报销等社会保险的会计分录。

【学习任务与岗位能力】

1. 货币性薪酬、非货币性薪酬、福利费、工会经费、教育经费、养老保险、医疗保险、生育报销等社会保险的计算。

2. 货币性薪酬、非货币性薪酬、福利费、工会经费、教育经费、养老保险、医疗保险、生育报销等社会保险会计分录编制。

【岗位准备】

1. 与企业生产、管理、基建、后勤、销售部门密切协商，确定工资人数、工资标准、出勤、缺勤、奖金、绩效等详细情况。

2. 认真细心，与生产、管理、基建、后勤、销售部门、人事部门沟通，查看各部门工资表、原始台账。

3. 与企业人事部门协调，查看工资基数、各种社会保险、福利、住房公积金资料等各种凭证。

4．与企业财务部门的领导沟通，确定工资方法方式、时间等相关资料。

【岗前培训】

一、知识准备

（一）应付职工薪酬核算的内容

1．应付职工薪酬定义

应付职工薪酬是指企业为获得职工提供的服务而给予各种形式的报酬以及其他相关的支出。这里所称的“职工”包括三类人员：一是与企业订立劳动合同的所有人员，含全职、兼职和临时职工；二是未与企业订立劳动合同，但由企业正式任命的企业治理层和管理层人员，如董事会成员、监事会成员等；三是在企业的计划和控制下，虽未与企业订立劳动合同或未由其正式任命，但为其提供与职工类似服务的人员。

2．应付职工薪酬内容

职工薪酬主要包括职工工资、奖金、津贴和补贴，职工福利费，医疗、养老、失业、工伤、生育等社会保险费，住房公积金，工会经费，职工教育经费，非货币性福利等因职工提供服务而产生的义务。

（二）应付职工薪酬的账务处理

1．应付职工薪酬账户设置

企业应当通过“应付职工薪酬”科目，核算应付职工薪酬的计提、结算、使用等情况。该科目贷方登记已分配计入有关成本费用项目的职工薪酬的数额，借方登记实际发放职工薪酬的数额，包括扣还的款项等；该科目期末贷方余额，反映企业应付未付的职工薪酬。

“应付职工薪酬”科目应当按照“工资”“职工福利”“社会保险费”“住房公积金”“工会经费”“职工教育经费”“非货币性福利”等应付职工薪酬项目设置明细科目，进行明细核算。

2．应付职工薪酬的核算

应付职工薪酬的账务处理主要包括确认和发放两个方面。

（1）货币性职工薪酬　企业应当在职工为其提供服务的会计期间，根据职工提供服务的受益对象，将应确认的职工薪酬（包括货币性薪酬和非货币性福利）计入相关资产成本或当期损益，同时确认为应付职工薪酬。具体分别以下情况进行处理：

①生产部门人员的职工薪酬，借记“生产成本”“制造费用”“劳务成本”等科目，贷记“应付职工薪酬”科目。

②管理部门人员的职工薪酬，借记“管理费用”科目，贷记“应付职工薪酬”

科目。

③销售人员的职工薪酬，借记“销售费用”科目，贷记“应付职工薪酬”科目。

④应由在建工程、研发支出负担的职工薪酬，借记“在建工程”“研发支出”科目，贷记“应付职工薪酬”科目。

（2）非货币性职工薪酬　企业以其自产产品作为非货币性福利发放给职工的，应当根据受益对象，按照该产品的公允价值，计入相关资产成本或当期损益，同时确认应付职工薪酬，借记“管理费用”“生产成本”“制造费用”等科目，贷记“应付职工薪酬——非货币性福利”科目。将企业拥有的房屋等资产无偿提供给职工使用的，应当根据受益对象，将该住房每期应计提的折旧计入相关资产成本或当期损益，同时确认应付职工薪酬，借记“管理费用”“生产成本”“制造费用”等科目，贷记“应付职工薪酬——非货币性福利”科目，并且同时借记“应付职工薪酬——非货币性福利”科目，贷记“累计折旧”科目。租赁住房等资产供职工无偿使用的，应当根据受益对象，将每期应付的租金计入相关资产成本或当期损益，并确认应付职工薪酬，借记“管理费用”“生产成本”“制造费用”等科目，贷记“应付职工薪酬——非货币性福利”科目。

难以认定受益对象的非货币性福利，直接计入当期损益和应付职工薪酬。

3. 发放职工薪酬

（1）支付职工工资、奖金、津贴和补贴。

（2）支付职工福利费。

（3）支付工会经费、职工教育经费和缴纳社会保险费、住房公积金。

（4）发放非货币性福利。

二、职工薪酬核算任务

（1）新疆新红有限责任公司2019年10月份应付工资总额693 000元，工资费用分配汇总表中列示产品生产人员工资为480 000元，车间管理人员工资为105 000元，企业行政管理人员工资为90 600元，专设销售机构人员工资为17 400元。

（2）根据国家规定的计提标准计算，新疆新红有限责任公司本月应向社会保险经办机构缴纳职工基本养老保险费共计97 020元，其中，应计入基本生产车间生产成本的金额为67 200元，应计入制造费用的金额为14 700元，应计入管理费用的金额为15 120元。

请编制职工薪酬核算的会计分录。

【工作任务实施】

工作步骤	工作程序	方法要求
1	工资分配表与发放表，货币性薪酬，非货币性薪酬，福利费，工会经费，教育经费，养老保险，医疗保险，生育报销计提表，付款凭证，代垫、代扣款项，个人所得税扣缴表。	收集各种工资分配表、各种凭证，审查内容：计算准确，付款方式合适，信用可靠，凭证齐全。
2	计算各项职工薪酬。	计算准确，原理清晰，依据合理，手续齐全，附件齐全。
3	编制职工薪酬的记账凭证。	会计科目正确，金额准确，借贷方向正确。大小写格式正确，合计清楚，责任人填写清楚，编号正确，附件齐全。
4	登记职工薪酬明细账和总账。	摘要清晰，科目正确，金额准确，方向正确，对应关系正确。

【关键技术环节师傅指导】

1. 货币性薪酬、非货币性薪酬、福利费、工会经费、教育经费、养老保险、医疗保险、生育报销等社会保险的计算。

2. 货币性薪酬、非货币性薪酬、福利费、工会经费、教育经费、养老保险、医疗保险、生育报销等社会保险会计分录的编制。

【职业素质培养】

1. 分析经济业务的类型，涉及的会计要素和会计科目。
2. 计算各种不同形式的职工薪酬。
3. 核算能力，编制职工薪酬核算的会计分录。
4. 细心、严谨，认真计算与做账。

【知识能力与技术技能考核评价】

学校：________ 班级：______ 专业：______ 学徒姓名：______ 日期：______

学徒任务	应付职工薪酬核算				
自我鉴定（10分）	职业素养(3)	□优秀 3	□良好 2	□一般 1	□较差 1 以下
	工作态度(3)	□优秀 3	□良好 2	□一般 1	□较差 1 以下
	出勤率　(2)	□优秀 2	□良好 1.5	□一般 1	□较差 1 以下
	吃苦耐劳(2)	□优秀 2	□良好 1.5	□一般 1	□较差 1 以下
	得分：		学徒签名：	日期：　年　月　日	

续表

学徒任务	应付职工薪酬核算				
专业技能（40分）	应付职工薪酬内容（6分）	□优秀 6	□良好 4	□一般 2	□较差 1
	应付职工薪酬计算（7分）	□优秀 7	□良好 5	□一般 3	□较差 1
	会计分录编制（6分）	□优秀 6	□良好 4	□一般 2	□较差 1
	编制记账凭证（7分）	□优秀 7	□良好 5	□一般 3	□较差 1
	绘制丁字账（7分）	□优秀 7	□良好 5	□一般 3	□较差 1
	登记账簿（7分）	□优秀 7	□良好 5	□一般 3	□较差 1
	得分：	企业师傅签名：		日期：　年　月　日	
学徒关键职业能力及职业品质、工匠精神评价（50分）	工作态度（7分）	□优秀 7	□良好 5	□一般 3	□较差 1
	吃苦耐劳（7分）	□优秀 7	□良好 5	□一般 3	□较差 1
	团队协作（7分）	□优秀 7	□良好 5	□一般 3	□较差 1
	沟通交流（7分）	□优秀 7	□良好 5	□一般 3	□较差 1
	学习钻研（7分）	□优秀 7	□良好 5	□一般 3	□较差 1
	认真负责（7分）	□优秀 7	□良好 5	□一般 3	□较差 1
	诚实守信（8分）	□优秀 8	□良好 6	□一般 4	□较差 2
	得分：	企业师傅签名：		日期：　年　月　日	
综合评定	（1）综合得分				
	（2）实习等级	□优秀 100	□良好 80	□一般 60	□较差 60 以下

项目八
所得税核算

任务一 资产、负债的计税基础与暂时性差异

【任务目标与质量要求】

1. 资产账面价值与计税基础的计算。
2. 负债账面价值与计税基础的计算。

【学习任务与岗位能力】

资产、负债账面价值与计税基础的计算。

【岗位准备】

1. 与企业资产管理部门密切协商，确定资产、负债价格，使用情况、减值。

2. 认真细心，与财务部门负责报税主管沟通，查看有关税务部门对资产、负债相关规定。

3. 与税务局协调，查看收入、费用、利润确认时间、税率、缴纳时间、抵扣。

4. 与企业财务部门的领导沟通，确定资产、负债、收入、费用、利润、产生税收时间、应纳税和可抵扣的差额等相关资料。

【岗前培训】

一、知识准备

所得税会计的关键在于确定资产、负债的计税基础。在确定资产、负债的计税基础时，应严格遵循税收法规中对于资产的税务处理以及可税前扣除的费用等的规定进行。

（一）资产的计税基础

资产的计税基础，是指企业收回资产账面价值过程中，计算应纳税所得额时按照税法规定可以自应税经济利益中抵扣的金额，即某一项资产在未来期间计税时按照税法规定可以税前扣除的金额。

资产在初始确认时，其计税基础一般为取得成本，即企业为取得某项资产支付的成本在未来期间准予税前扣除。在资产持续持有的过程中，其计税基础是指资产的取得成本减去以前期间按照税法规定已经税前扣除的金额后的余额。如固定资产、无形资产等长期资产在某一资产负债表日的计税基础是指其成本扣除按照税法规定已在以前期间税前扣除的累计折旧额或累计摊销额后的金额。

1. 固定资产

以各种方式取得的固定资产，初始确认时按照会计准则规定确定的入账价值基本上是被税法认可的，即取得时其账面价值一般等于计税基础。

固定资产在持有期间进行后续计量时，由于会计与税收规定就折旧方法、折旧年限以及固定资产减值准备的提取等处理的不同，可能造成固定资产的账面价值与计税基础的差异。

（1）折旧方法、折旧年限的差异。

（2）因计提固定资产减值准备产生的差异。

2. 无形资产

除内部研究开发形成的无形资产以外，其他方式取得的无形资产，初始确认时按照会计准则规定确定的入账价值与按照税法规定确定的计税成本之间一般不存在差异。无形资产的差异主要产生于内部研究开发形成的无形资产以及使用寿命不确定的无形资产。

（1）内部研究开发形成的无形资产。

（2）无形资产在后续计量时，会计与税收的差异主要产生于是否需要摊销及无形资产减值准备的提取。

3. 以公允价值计量且其变动计入当期损益的金融资产

对于以公允价值计量且其变动计入当期损益的金融资产，其于某一会计期末的账面价值为公允价值，而税法规定金融资产的计税基础为其取得成本，会造成金融资产的账面价值与计税基础之间有差异。

4. 其他资产

因会计准则规定与税收法规规定不同，企业持有的其他资产，可能造成其账面价值与计税基础之间存在差异，如：

（1）投资性房地产；

（2）其他计提了资产减值准备的各项资产。

（二）负债的计税基础

负债的计税基础，是指负债的账面价值减去未来期间计算应纳税所得额时按照税法规定可予抵扣的金额。用公式表示即为：

负债的计税基础＝账面价值－未来期间按照税法规定可予税前扣除的金额

（1）企业因销售商品提供售后服务等原因确认的预计负债；

（2）预收账款；

（3）应付职工薪酬；

（4）其他负债。

（三）暂时性差异

暂时性差异是指资产、负债的账面价值与其计税基础不同产生的差额。因资产、负债的账面价值与其计税基础不同，产生了在未来收回资产或清偿负债的期间内，应纳税所得额增加或减少并导致未来期间应交所得税增加或减少的情况，形成企业的资产和负债，在有关暂时性差异发生当期，符合确认条件的情况下，应当确认相关的递延所得税负债或递延所得税资产。

根据暂时性差异对未来期间应纳税所得额的影响，分为应纳税暂时性差异和可抵扣暂时性差异。

1. 应纳税暂时性差异

应纳税暂时性差异，是指在确定未来收回资产或清偿负债期间的应纳税所得额时，将导致产生应税金额的暂时性差异，即在未来期间不考虑该事项影响的应纳税所得额的基础上，由于该暂时性差异的转回，会进一步增加转回期间的应纳税所得额和应缴所得税金额，在其产生当期应当确认相关的递延所得税负债。

应纳税暂时性差异通常产生于以下情况：

（1）资产的账面价值大于其计税基础；

（2）负债的账面价值小于其计税基础。

2. 可抵扣暂时性差异

可抵扣暂时性差异是指在确定未来收回资产或清偿负债期间的应纳税所得额时，

将导致产生可抵扣金额的暂时性差异。该差异在未来期间转回时会减少转回期间的应纳税所得额，减少未来期间的应交所得税。在可抵扣暂时性差异产生当期，符合确认条件时，应当确认相关的递延所得税资产。

可抵扣暂时性差异一般产生于以下情况：

（1）资产的账面价值小于其计税基础；

（2）负债的账面价值大于其计税基础。

二、暂时性差异计算的核算任务

（1）新疆新红有限责任公司于2016年年末以750万元购入一项生产用固定资产，按照该项固定资产的预计使用情况，新疆新红有限责任公司在会计核算时估计其使用寿命为5年，计税时，按照适用税法规定，其最低折旧年限为10年，该企业计税时按照10年计算确定可税前扣除的折旧额。假定会计与税收均按年限平均法计列折旧，净残值均为零。2017年该项固定资产按照12个月计提折旧。本例中假定固定资产未发生减值。

（2）新疆新红有限责任公司2017年因销售产品承诺提供3年的保修服务，在当年度利润表中确认了500万元的销售费用，同时确认为预计负债，当年度未发生任何保修支出。假定按照税法规定，与产品售后服务相关的费用在实际发生时允许税前扣除。

请计算资产、负债的账面价值与计税基础。

【工作任务实施】

工作步骤	工作程序	方法要求
1	资产账面余额、累计折旧、累计摊销、坏账准备、各种资产减值准备、税法规定。	根据收集的表格，计算资产、负债账面价值与计税基础。计算准确，付款方式合适，信用可靠，凭证齐全。
2	计算资产、负债账面价值与计税基础。	计算准确，原理清晰，依据合理，手续齐全，附件齐全。
3	计算应纳税暂时性差异和可抵扣暂时性差异。	确认正确，计算准确，原理清晰，依据合理，手续齐全，附件齐全。

【关键技术环节师傅指导】

1. 资产账面价值与计税基础计算，负债账面价值与计税基础计算。
2. 应纳税暂时性差异和可抵扣暂时性差异计算。

【职业素质培养】

1. 分析经济业务的类型，涉及的会计要素和会计科目。

2. 计算资产负债账面价值与计税基础。

3. 编制应纳税暂时性差异和可抵扣暂时性差异核算的会计分录。

4. 细心、严谨，认真计算与做账。

【知识能力与技术技能考核评价】

学校：__________ 班级：________ 专业：________ 学徒姓名：________ 日期：______

学徒任务	资产、负债的计税基础与暂时性差异核算				
自我鉴定（10分）	职业素养(3)	□优秀 3	□良好 2	□一般 1	□较差 1 以下
	工作态度(3)	□优秀 3	□良好 2	□一般 1	□较差 1 以下
	出勤率 (2)	□优秀 2	□良好 1.5	□一般 1	□较差 1 以下
	吃苦耐劳(2)	□优秀 2	□良好 1.5	□一般 1	□较差 1 以下
	得分：	学徒签名：		日期： 年 月 日	
专业技能（40分）	计税基础与暂时性差异内容(6分)	□优秀 6	□良好 4	□一般 2	□较差 1
	计税基础与暂时性差异计算(7分)	□优秀 7	□良好 5	□一般 3	□较差 1
	会计分录编制(6分)	□优秀 6	□良好 4	□一般 2	□较差 1
	编制记账凭证(7分)	□优秀 7	□良好 5	□一般 3	□较差 1
	绘制丁字账(7分)	□优秀 7	□良好 5	□一般 3	□较差 1
	登记账簿(7分)	□优秀 7	□良好 5	□一般 3	□较差 1
	得分：	企业师傅签名：		日期： 年 月 日	
学徒关键职业能力及职业品质、工匠精神评价（50分）	工作态度(7分)	□优秀 7	□良好 5	□一般 3	□较差 1
	吃苦耐劳(7分)	□优秀 7	□良好 5	□一般 3	□较差 1
	团队协作(7分)	□优秀 7	□良好 5	□一般 3	□较差 1
	沟通交流(7分)	□优秀 7	□良好 5	□一般 3	□较差 1
	学习钻研(7分)	□优秀 7	□良好 5	□一般 3	□较差 1
	认真负责(7分)	□优秀 7	□良好 5	□一般 3	□较差 1
	诚实守信(8分)	□优秀 8	□良好 6	□一般 4	□较差 2
	得分：	企业师傅签名：		日期： 年 月 日	
综合评定	(1)综合得分				
	(2)实习等级	□优秀 100	□良好 80	□一般 60	□较差 60 以下

任务二　递延所得税资产和递延所得税负债

【任务目标与质量要求】

1. 递延所得税资产、递延所得税负债的计算。
2. 正确编制递延所得税资产、递延所得税负债核算的会计分录。

【学习任务与岗位能力】

1. 计算递延所得税资产、递延所得税负债。
2. 编制递延所得税资产、递延所得税负债核算的会计分录。

【岗位准备】

1. 与企业资产管理部门密切协商，确定资产、负债价格、使用情况、减值。
2. 认真细心，与财务部门负责报税主管沟通，查看有关税务部门对资产、负债相关规定。
3. 与税务局协调，查看收入、费用、利润确认时间、税率、缴纳时间、抵扣。
4. 与企业财务部门的领导沟通，确定资产、负债、收入、费用、利润、产生税收时间、应纳税、可抵扣的差额等相关资料。

【岗前培训】

一、知识准备

企业在计算确定了应纳税暂时性差异与可抵扣暂时性差异后，应当按照所得税会计准则规定的原则确认相关的递延所得税负债以及递延所得税资产。

（一）递延所得税负债的确认和计量

1. 递延所得税负债的确认

企业在确认因应纳税暂时性差异产生的递延所得税负债时，应遵循以下原则：除所得税准则中明确规定可不确认递延所得税负债的情况以外，企业对于所有的应纳税暂时性差异均应确认相关的递延所得税负债。除与直接计入所有者权益的交易或事项以及企业合并中取得资产、负债相关的事项以外，在确认递延所得税负债的同时，应增加利润表中的所得税费用。

2. 计量

所得税准则规定，资产负债表日，对于递延所得税负债，应当根据适用税法规定，按照预期收回该资产或清偿该负债期间的适用税率计量。即递延所得税负债应以相关应纳税暂时性差异转回期间按照税法规定适用的所得税税率计量。无论应纳税暂时性差异的转回期间如何，相关的递延所得税负债不要求折现。

（二）递延所得税资产的确认和计量

1. 递延所得税资产确认的一般原则

递延所得税资产产生于可抵扣暂时性差异。确认因可抵扣暂时性差异产生的递延所得税资产应以未来期间可能取得的应纳税所得额为限。在可抵扣暂时性差异转回的未来期间内，企业无法产生足够的应纳税所得额用以利用可抵扣暂时性差异的影响，使得与可抵扣暂时性差异相关的经济利益无法实现的，不应确认递延所得税资产；企业有明确的证据表明其于可抵扣暂时性差异转回的未来期间能够产生足够的应纳税所得额，进而利用可抵扣暂时性差异的，则应以可能取得的应纳税所得额为限，确认相关的递延所得税资产。

2. 计量

同递延所得税负债的计量原则相一致，确认递延所得税资产时，应当以预期收回该资产期间的适用所得税税率为基础计算确定。无论相关的可抵扣暂时性差异转回期间如何，递延所得税资产均不要求折现。

二、递延所得税资产和递延所得税负债核算任务

(1) 新疆新红有限责任公司于 2016 年 12 月 6 日购入某项环保设备，取得成本为 500 万元，会计上采用年限平均法计提折旧，使用年限为 10 年，净残值为零，计税时按双倍余额递减法计提折旧，使用年限及净残值与会计相同。该公司适用的所得税税率为 25%。

(2) 新疆新红有限责任公司 2017 年因销售产品承诺提供 3 年的保修服务，在当年度利润表中确认了 500 万元的销售费用，同时确认为预计负债，当年度未发生任何保修支出。假定按照税法规定，与产品售后服务相关的费用在实际发生时允许税前扣除。

假定该公司不存在其他会计与税收处理的差异，计算 2017 年产生暂时性差异形成的递延所得税资产或负债。

【工作程序与方法要求】

工作步骤	工作程序	方法要求
1	根据应纳税暂时性差异和可抵扣暂时性差异确认递延所得税资产、递延所得税负债。	根据收集的表格，计算资产、负债账面价值与计税基础。计算准确，凭证齐全。
2	计算递延所得税资产、递延所得税负债。	计算准确，原理清晰，依据合理，手续齐全，附件齐全。
3	编制递延所得税资产、递延所得税负债记账凭证。	会计科目正确，金额准确，借贷方向正确。大小写格式正确，合计清楚，责任人填写清楚，编号正确，附件齐全。
4	登记递延所得税资产、递延所得税负债总账。	摘要清晰，科目正确，金额准确，方向正确，对应关系正确。

【关键技术环节师傅指导】

1. 递延所得税资产、递延所得税负债计算。
2. 编制递延所得税资产、递延所得税负债的会计分录。

【职业素质培养】

1. 分析经济业务的类型，涉及的会计要素和会计科目。
2. 计算递延所得税资产、负债。
3. 编制递延所得税资产、负债核算的会计分录。
4. 细心、严谨，认真计算与做账。

【知识能力与技术技能考核评价】

学校：__________　班级：______　专业：______　学徒姓名：______　日期：______

学徒任务	递延所得税资产、负债核算				
自我鉴定（10分）	职业素养(3)	□优秀 3	□良好 2	□一般 1	□较差 1 以下
	工作态度(3)	□优秀 3	□良好 2	□一般 1	□较差 1 以下
	出勤率　(2)	□优秀 2	□良好 1.5	□一般 1	□较差 1 以下
	吃苦耐劳(2)	□优秀 2	□良好 1.5	□一般 1	□较差 1 以下
	得分：		学徒签名：	日期：　年　月　日	

续表

学徒任务	递延所得税资产、负债核算				
专业技能（40分）	递延所得税资产、负债内容（6分）	□优秀 6	□良好 4	□一般 2	□较差 1
	递延所得税资产、负债计算（7分）	□优秀 7	□良好 5	□一般 3	□较差 1
	会计分录编制（6分）	□优秀 6	□良好 4	□一般 2	□较差 1
	编制记账凭证（7分）	□优秀 7	□良好 5	□一般 3	□较差 1
	绘制丁字账（7分）	□优秀 7	□良好 5	□一般 3	□较差 1
	登记账簿（7分）	□优秀 7	□良好 5	□一般 3	□较差 1
	得分：	企业师傅签名：		日期： 年 月 日	
学徒关键职业能力及职业品质、工匠精神评价（50分）	工作态度（7分）	□优秀 7	□良好 5	□一般 3	□较差 1
	吃苦耐劳（7分）	□优秀 7	□良好 5	□一般 3	□较差 1
	团队协作（7分）	□优秀 7	□良好 5	□一般 3	□较差 1
	沟通交流（7分）	□优秀 7	□良好 5	□一般 3	□较差 1
	学习钻研（7分）	□优秀 7	□良好 5	□一般 3	□较差 1
	认真负责（7分）	□优秀 7	□良好 5	□一般 3	□较差 1
	诚实守信（8分）	□优秀 8	□良好 6	□一般 4	□较差 2
	得分：	企业师傅签名：		日期： 年 月 日	
综合评定	（1）综合得分				
	（2）实习等级	□优秀 100	□良好 80	□一般 60	□较差 60 以下

任务三　所得税费用核算

【任务目标与质量要求】

1. 准确计算应交所得税、递延所得税、所得税费用。
2. 正确编制应交所得税、递延所得税、所得税费用核算会计分录。

【学习任务与岗位能力】

1. 计算应交所得税、递延所得税、所得税费用。
2. 编制应交所得税、递延所得税、所得税费用核算的会计分录。

【岗位准备】

1. 与企业资产管理部门密切协商，确定资产、负债价格、使用情况、减值。

2. 认真细心，与财务部门负责报税主管沟通，查看有关税务部门对资产、负债相关规定。

3. 与税务局协调，查看收入、费用、利润确认时间、税率、缴纳时间、抵扣。

4. 与企业财务部门的领导沟通，确定资产、负债、收入、费用、利润产生税收时间、应纳税、可抵扣的差额等相关资料。

【岗前培训】

一、 知识准备

所得税会计的主要目的之一是确定当期应交所得税以及利润表中的所得税费用。在按照资产负债表债务法核算所得税的情况下，利润表中的所得税费用包括当期所得税和递延所得税两个部分。

1. 当期所得税

当期所得税是指企业按照税法规定计算确定的针对当期发生的交易和事项，应交纳给税务部门的所得税金额，即当期应交所得税。

企业在确定当期应交所得税时，对于当期发生的交易或事项，会计处理与税收处理不同的，应在会计利润的基础上，按照适用税收法规的规定进行调整，计算出当期应纳税所得额，按照应纳税所得额与适用所得税税率计算确定当期应交所得税。一般情况下，应纳税所得额可在会计利润的基础上考虑会计与税收之间的差异，按照以下公式计算确定：

会计利润＋按照会计准则规定计入利润表但计税时不允许税前扣除的费用±计入利润表的费用与按照税法规定可予税前抵扣的金额之间的差额±计入利润表的收入与按照税法规定应计入应纳税所得的收入之间的差额－税法规定的不征税收入±其他需要调整的因素＝应纳税所得额

2. 递延所得税

递延所得税是指按照所得税准则规定当期应予确认的递延所得税资产和递延所得税负债金额，即递延所得税资产及递延所得税负债当期发生额的综合结果，但不包括计入所有者权益的交易或事项的所得税影响。用公式表示即为：

递延所得税＝（递延所得税负债的期末余额－递延所得税负债的期初余额）－（递延所得税资产的期末余额－递延所得税资产的期初余额）

3. 所得税费用

计算确定了当期所得税及递延所得税以后，利润表中应予确认的所得税费用为两者之和，即：所得税费用＝当期所得税＋递延所得税

二、所得税费用核算任务

新疆新红有限责任公司2017年度利润表中利润总额为3 000万元，该公司适用的所得税税率为25%。递延所得税资产及递延所得税负债不存在期初余额。与所得税核算有关的情况如下：

2017年相关交易和事项中，会计处理与税收处理存在差别的有：

（1）2017年1月开始计提折旧的一项固定资产，成本为1 500万元，使用年限为10年，净残值为0。会计处理按双倍余额递减法计提折旧，税收处理按直线法计提折旧。假定税法规定的使用年限及净残值与会计规定相同。

（2）向关联企业捐赠现金500万元。假定按照税法规定，企业向关联方的捐赠不允许税前扣除。

（3）当期取得作为交易性金融资产核算的股票投资成本为800万元，2017年12月31日的公允价值为1 130万元。税法规定，以公允价值计量的金融资产持有期间市价变动不计入应纳税所得额。

（4）违反环保法规定应支付罚款250万元。

（5）期末对持有的存货计提了75万元的存货跌价准备。

要求：

（1）计算应交所得税、递延所得税、所得税费用。

（2）编制所得税费用会计分录。

【工作程序与方法要求】

工作步骤	工作程序	方法要求
1	根据递延所得税资产、递延所得税负债和当期应交所得税计算所得税费用。	根据收集的表格，计算资产、负债账面价值与计税基础。计算准确，凭证齐全。
2	计算应交所得税、递延所得税、所得税费用。	计算准确，原理清晰，依据合理，手续齐全，附件齐全。
3	编制所得税费用记账凭证。	会计科目正确，金额准确，借贷方向正确。大小写格式正确，合计清楚，责任人填写清楚，编号正确，附件齐全。
4	登记所得税费用总账。	摘要清晰，科目正确，金额准确，方向正确，对应关系正确。

【关键技术环节师傅指导】

1. 应交所得税、递延所得税、所得税费用的计算。

2. 所得税费用核算会计分录的编制。

【职业素质培养】

1. 分析经济业务的类型，涉及的会计要素和会计科目。
2. 计算能力，计算所得税费用。
3. 编制所得税费用核算的会计分录。
4. 细心、严谨，认真计算与做账。

【知识能力与技术技能考核评价】

学校：＿＿＿＿＿＿　班级：＿＿＿＿　专业：＿＿＿＿　学徒姓名：＿＿＿＿　日期：＿＿＿

学徒任务	所得税费用核算				
自我鉴定（10 分）	职业素养(3)	□优秀 3	□良好 2	□一般 1	□较差 1 以下
	工作态度(3)	□优秀 3	□良好 2	□一般 1	□较差 1 以下
	出勤率　(2)	□优秀 2	□良好 1.5	□一般 1	□较差 1 以下
	吃苦耐劳(2)	□优秀 2	□良好 1.5	□一般 1	□较差 1 以下
	得分：　学徒签名：　日期：　年　月　日				
专业技能（40 分）	所得税费用内容（6 分）	□优秀 6	□良好 4	□一般 2	□较差 1
	所得税费用计算（7 分）	□优秀 7	□良好 5	□一般 3	□较差 1
	会计分录编制(6 分)	□优秀 6	□良好 4	□一般 2	□较差 1
	编制记账凭证(7 分)	□优秀 7	□良好 5	□一般 3	□较差 1
	绘制丁字账(7 分)	□优秀 7	□良好 5	□一般 3	□较差 1
	登记账簿(7 分)	□优秀 7	□良好 5	□一般 3	□较差 1
	得分：　企业师傅签名：　日期：　年　月　日				
学徒关键职业能力及职业品质、工匠精神评价（50 分）	工作态度(7 分)	□优秀 7	□良好 5	□一般 3	□较差 1
	吃苦耐劳(7 分)	□优秀 7	□良好 5	□一般 3	□较差 1
	团队协作(7 分)	□优秀 7	□良好 5	□一般 3	□较差 1
	沟通交流(7 分)	□优秀 7	□良好 5	□一般 3	□较差 1
	学习钻研(7 分)	□优秀 7	□良好 5	□一般 3	□较差 1
	认真负责(7 分)	□优秀 7	□良好 5	□一般 3	□较差 1
	诚实守信(8 分)	□优秀 8	□良好 6	□一般 4	□较差 2
	得分：　企业师傅签名：　日期：　年　月　日				
综合评定	(1)综合得分				
	(2)实习等级	□优秀 100	□良好 80	□一般 60	□较差 60 以下

项目九
利润核算

【任务目标与质量要求】

1. 准确计算营业外收入、营业外支出、损益类账户结转、本年利润。
2. 正确编制营业外收入、营业外支出、结转损益账户、本年利润的会计分录。

【学习任务与岗位能力】

1. 计算利润。
2. 编制营业外收入、营业外支出、结转损益账户、本年利润的记账凭证。

【岗位准备】

1. 与企业管理部门密切协商，确定各分部报送收入、费用时间。
2. 认真细心，与财务部门负责人沟通，查看利润核算时间规定。
3. 与税务局协调，查看所得税纳税申报。
4. 与企业财务部门的领导沟通，确定收入、费用、利润结转方式等相关资料。

【岗前培训】

一、知识准备

（一）利润的构成

利润是指企业在一定会计期间的经营成果。利润包括收入减去费用后的净额、直接计入当期利润的利得和损失。直接计入当期利润的利得和损失，是指应当记入当期损益、会导致所有者权益发生增减变动、与所有者投入资本或向所有者分配利润无关的利得或者损失。

利润相关计算公式如下：

（1）营业利润

营业利润＝营业收入－营业成本－税金及附加－财务费用－管理费用－销售费用－资产减值损失＋投资收益＋公允价值变动损益

（2）利润总额

利润总额＝营业利润＋营业外收入－营业外支出

（3）净利润

净利润＝利润总额－所得税费用

（二）营业外收入和营业外支出的核算

（1）营业外收入；

（2）营业外支出。

（三）本年利润的会计处理

会计期末结转本年利润的方法有表结法和账结法两种。

年度终了，应将本年收入和支出相抵结出的本年实现的净利润，由“本年利润”科目转入“利润分配”科目。

二、利润核算任务

（1）新疆新红有限责任公司2017年有关损益类科目的年末余额如下（该企业采用表结法年末一次结转损益类科目，所得税税率为25％）：

科目名称	结账前余额
主营业务收入	6 000 000元（贷）
其他业务收入	700 000元（贷）
公允价值变动损益	150 000元（贷）

投资收益 600 000元（贷）
营业外收入 50 000元（贷）
主营业务成本 4 000 000元（借）
其他业务成本 400 000元（借）
营业税金及附加 80 000元（借）
销售费用 500 000元（借）
管理费用 770 000元（借）
财务费用 200 000元（借）
资产减值损失 700 000元（借）
营业外支出 250 000元（借）

请计算该企业的营业利润、利润总额、净利润，并编制核算的记账凭证。

（2）公司将固定资产报废清理的净收益8 000元转作营业外收入。

（3）公司将已经发生的原材料意外灾害损失270 000元转作营业外支出。

编制上述经济业务的会计分录。

【工作程序与方法要求】

工作步骤	工作程序	方法要求
1	计算出所有损益类账户余额。	根据所编制的丁字账，计算损益类账户的余额。计算准确，凭证齐全。
2	计算本年利润。	计算准确，原理清晰，依据合理，手续齐全，附件齐全。
3	编制利润核算记账凭证。	会计科目正确，金额准确，借贷方向正确。大小写格式正确，合计清楚，责任人填写清楚，编号正确，附件齐全。
4	登记所有损益类账户的总账。	摘要清晰，科目正确，金额准确，方向正确，对应关系正确。

【关键技术环节师傅指导】

1. 营业外收支、利润的计算。
2. 本年利润会计分录的编制。

【职业素质培养】

1. 分析经济业务的类型，涉及的会计要素和会计科目。

2. 计算利润，

3. 编制营业外收支核算、本年利润的会计分录。

4. 细心、严谨，认真计算与做账。

【知识能力与技术技能考核评价】

学校：________ 班级：________ 专业：________ 学徒姓名：________ 日期：________

<table>
<tr><td>学徒任务</td><td colspan="5">本年利润核算</td></tr>
<tr><td rowspan="5">自我鉴定
(10 分)</td><td>职业素养(3)</td><td>□优秀 3</td><td>□良好 2</td><td>□一般 1</td><td>□较差 1 以下</td></tr>
<tr><td>工作态度(3)</td><td>□优秀 3</td><td>□良好 2</td><td>□一般 1</td><td>□较差 1 以下</td></tr>
<tr><td>出勤率 (2)</td><td>□优秀 2</td><td>□良好 1.5</td><td>□一般 1</td><td>□较差 1 以下</td></tr>
<tr><td>吃苦耐劳(2)</td><td>□优秀 2</td><td>□良好 1.5</td><td>□一般 1</td><td>□较差 1 以下</td></tr>
<tr><td colspan="5">得分： 学徒签名： 日期： 年 月 日</td></tr>
<tr><td rowspan="7">专业技能
(40 分)</td><td>本年利润内容(6 分)</td><td>□优秀 6</td><td>□良好 4</td><td>□一般 2</td><td>□较差 1</td></tr>
<tr><td>本年利润计算(7 分)</td><td>□优秀 7</td><td>□良好 5</td><td>□一般 3</td><td>□较差 1</td></tr>
<tr><td>会计分录编制(6 分)</td><td>□优秀 6</td><td>□良好 4</td><td>□一般 2</td><td>□较差 1</td></tr>
<tr><td>编制记账凭证(7 分)</td><td>□优秀 7</td><td>□良好 5</td><td>□一般 3</td><td>□较差 1</td></tr>
<tr><td>绘制丁字账(7 分)</td><td>□优秀 7</td><td>□良好 5</td><td>□一般 3</td><td>□较差 1</td></tr>
<tr><td>登记账簿(7 分)</td><td>□优秀 7</td><td>□良好 5</td><td>□一般 3</td><td>□较差 1</td></tr>
<tr><td colspan="5">得分： 企业师傅签名： 日期： 年 月 日</td></tr>
<tr><td rowspan="8">学徒关键职业能力及职业品质、工匠精神评价
(50 分)</td><td>工作态度(7 分)</td><td>□优秀 7</td><td>□良好 5</td><td>□一般 3</td><td>□较差 1</td></tr>
<tr><td>吃苦耐劳(7 分)</td><td>□优秀 7</td><td>□良好 5</td><td>□一般 3</td><td>□较差 1</td></tr>
<tr><td>团队协作(7 分)</td><td>□优秀 7</td><td>□良好 5</td><td>□一般 3</td><td>□较差 1</td></tr>
<tr><td>沟通交流(7 分)</td><td>□优秀 7</td><td>□良好 5</td><td>□一般 3</td><td>□较差 1</td></tr>
<tr><td>学习钻研(7 分)</td><td>□优秀 7</td><td>□良好 5</td><td>□一般 3</td><td>□较差 1</td></tr>
<tr><td>认真负责(7 分)</td><td>□优秀 7</td><td>□良好 5</td><td>□一般 3</td><td>□较差 1</td></tr>
<tr><td>诚实守信(8 分)</td><td>□优秀 8</td><td>□良好 6</td><td>□一般 4</td><td>□较差 2</td></tr>
<tr><td colspan="5">得分： 企业师傅签名： 日期： 年 月 日</td></tr>
<tr><td rowspan="2">综合评定</td><td>(1)综合得分</td><td colspan="4"></td></tr>
<tr><td>(2)实习等级</td><td>□优秀 100</td><td>□良好 80</td><td>□一般 60</td><td>□较差 60 以下</td></tr>
</table>

附录

Appendix

Appendix
Appendix
Appendix

附录1 会计记账与核算学徒岗位标准

附表 1-1　会计记账与核算学徒岗位标准

试点专业名称	会计专业
学徒岗位名称	会计岗位
岗位工作描述	会计记账与核算岗位，主要负责企业经济业务核算，根据企业提供经济业务发生的原始凭证编制记账凭证，依据记账凭证采用不同的账务处理程序登记账簿，根据账簿进行试算平衡，最后编制会计报表。主要工作任务为进行企业物资与付款核算、投资核算、借款核算、所有者权益核算、收入与收款核算、成本费用核算、所得税核算、利润核算。
工作场所与使用工具	企业的财务室，算盘，电脑，会计电算化软件工具，各种原始凭证、记账凭证、账簿（日记账、总账、明细账），试算平衡表，各种会计报表及说明（资产负债表、利润表、现金流量表、股东权益变动表），纳税申报，工商登记，企业各种内部报表，财务分析。
职业安全与规章制度	会计法，国务院制定的会计行政法规，财政部制定的会计制度。
职业道德与素质要求	**职业道德：** 1. 认真分析，计算准确； 2. 做事有原则并坚持会计原则； 3. 不做假账、一丝不苟、严谨； 4. 诚信； 5. 提高业务能力和职业素养。 **素质要求：** 1. 认真、细心； 2. 遵守各项财务制度和会计准则，经济法和税法；

续附表 1-1

试点专业名称	会计专业			
职业道德与素质要求	3.会计职业判断能力； 4.团队协调、合作能力，外联沟通能力； 5.筹资能力； 6.投资能力； 7.决策能力； 8.分忧解难能力； 9.吃苦耐劳精神。			
行业企业职业行为规范	会计准则，企业会计制度，小企业会计制度，民间非营利组织会计制度，财政部门实施会计监督办法，会计基础工作规范，内部会计控制规范，其他会计规章和会计规范性文件，税法，财务通则，经济法，各行业财务制度，2017 年出台新会计制度，营改增税收制度等。			
对应职业资格	初级会计师			
岗位工作任务（或项目）	工作过程与技术、质量要求	专业知识要求	技术技能要求	综合职业能力要求
一、物资与付款核算	1.根据企业存货、固定资产、无形资产收付存核算与应付账款、应付票据、预付账款等原始凭证登记存货物资明细账与往来业务明细账。 2.据此进行计算和会计分录的编制。 3.根据明细账和会计分录编制物资和付款总账。 4.将实物资产与明细账、总账进行财产清查，根据处理意见编制分录。	1.掌握确定存货发出的核算。 2.掌握固定资产取得、计提折旧、处置、减值的核算。 3.掌握无形资产取得、摊销、处置、减值的计算和核算。 4.掌握投资性房地产取得、计提折旧、处置、减值的计算和核算。 5.掌握应付账款、应付票据、预付账款计算与核算。 6.掌握应交税费的计算与核算。	熟练操作 1.存货计算与会计分录的编制。 2.固定资产的核算。 3.无形资产的核算。 4.投资性房地产的核算。 5.应付账款、应付票据、预付账款的核算。 6.应交税费的计算与核算。	1.分析和判断业务的能力。 2.计算与核算的能力。 3.解决问题的能力。 4.协作沟通能力。 5.逻辑思维能力。 6.知识迁移和创新能力。
二、投资核算	1.根据企业交易性金融资产、持有至到期投资、可供出售的金融资产等原始凭证登记金融资产明细账。 2.据此进行计算和会计分录的编制。	1.掌握交易性金融资产、持有至到期投资、可供出售的金融资产的内容、计算与会计分录的编制。 2.掌握长期股权投资成本法和权益法	熟练操作 1.交易性金融资产、持有至到期投资、可供出售的金融资产的内容、计算与会计分录的编制。	

续附表 1-1

试点专业名称	会计专业			
二、投资核算	3.根据明细账和会计分录编制金融资产总账。 4.根据长期股权投资业务的原始凭证编制明细账，根据明细账和原始凭证编制会计分录，并登记总账。	的计算与会计分录的编制。	2.长期股权投资成本法和权益法的内容、计算与会计分录的编制。	
三、借款核算	1.根据企业短期借款、长期借款、应付债券、长期应付款借款合同等登记借款明细账。 2.据此进行借款计算和会计分录的编制。 3.根据明细账和会计分录登记借款总账。	掌握短期借款、长期借款、应付债券、长期应付款的计算与会计分录的编制。	熟练操作短期借款、长期借款、应付债券、长期应付款的计算与会计分录的编制。	
四、工资核算	1.根据企业工资核算的原始凭证进行工资计算。 2.据此进行短期薪酬各项内容的计算和会计分录的编制。 3.根据明细账和会计分录登记成本费用和应付职工薪酬总账。	掌握工资、职工福利费、工会经费、职工教育经费、住房公积金、非货币性福利等的计算与会计分录的编制。	熟练操作工资、职工福利费、工会经费、职工教育经费、住房公积金、非货币性福利计算与会计分录的编制。	
五、所有者权益核算	1.根据企业投资合同、协议等登记所有者权益明细账。 2.据此进行资本计算和会计分录的编制。 3.根据明细账和会计分录登记所有者权益总账。	掌握实收资本、资本公积、盈余公积、未分配利润的内容、计算与会计分录的编制。	熟练操作实收资本、资本公积、盈余公积、未分配利润的计算与会计分录的编制。	

续附表 1-1

试点专业名称	会计专业			
六、收入与收款核算	1. 根据企业销售合同、协议等登记主营业务收入、其他业务收入明细账。 2. 据此进行商品销售收入、劳务收入、让渡资产使用权收入、应收款项的计算和会计分录的编制。 3. 根据收入和应收款项明细账和会计分录登记收入和应收款项总账。	掌握商品销售收入、劳务收入、让渡资产使用权收入、应收账款的内容、计算与会计分录的编制。	熟练操作商品销售收入、劳务收入、让渡资产使用权收入、应收账款的计算与会计分录的编制。	
七、成本费用的核算	1. 根据企业各项成本费用支出原始凭证登记主营业务成本、生产成本、制造费用、期间费用、营业税金及附加明细账。 2. 据此进行主营业务成本、生产成本、制造费用、期间费用、营业税金及附加计算和会计分录的编制。 3. 根据明细账和会计分录登记成本费用总账。	掌握主营业务成本、生产成本、制造费用、期间费用、营业税金及附加的内容、计算与会计分录的编制。	熟练操作主营业务成本、生产成本、制造费用、期间费用、营业税金及附加的计算与会计分录的编制。	
八、所得税核算	1. 根据企业所得税核算的原始凭证进行所得税计算。 2. 据此进行应交税费、递延所得税与所得税费用的计算和会计分录的编制。 3. 根据明细账和会计分录登记应交税费、递延所得税与所得税费用总账。	掌握应交税费、递延所得税与所得税费用等的计算与会计分录的编制。	熟练操作应交税费、递延所得税与所得税费用计算与会计分录的编制。	

续附表 1-1

试点专业名称	会计专业			
九、利润核算	利润的计算与结转。	掌握营业利润、利润总额、净利润、综合收益等的计算与会计分录的编制。	熟练操作营业利润、利润总额、净利润、综合收益计算与会计分录的编制。	
职业品质与工匠精神案例	1.货币资金舞弊案例 2.银广夏虚增收入多提坏账准备案例 3.固定资产折旧方法随意改变达到调节利润的目的 4.存货实际成本核算发出计价的舞弊案例 5.无形资产摊销方法的选择对费用利润的影响 6.长期股权投资权益法损益调整计算对投资收益的调节 7.投资性房地产计价方法的选择对企业损益的调节 8.长期借款费用的确认对资产、负债和收益的粉饰 9.所得税的任意多记或少记收入、多记费用偷逃税金的舞弊案例			
职业生涯发展规划	1.在校第二至三年取得初级会计师资格证书 2.毕业后第三年取得会计师中级资格证书 3.毕业后第五年担任会计主管 4.毕业后第八年取得注册会计师证书,担任财务负责人 5.毕业后第十二至十五年取得高级会计师证书,担任财务总监			

附录2
制订会计记账与核算学徒培养计划

附表 2-1　会计记账与核算学徒学习计划（共 9 周）

编号	项目	任务	学习内容	学习周数	学习地点
一	物资与付款核算	(一)存货核算	1. 原材料核算 2. 周转材料核算 3. 委托加工物资核算 4. 库存商品核算 5. 存货的减值核算 6. 存货清查核算	1 天	万江财务代理公司或正祥会计师事务所，第 1 周
		(二)固定资产核算	1. 固定资产取得核算 2. 折旧核算 3. 固定资产后续化支出的核算 4. 固定资产处置 5. 固定资产减值 6. 固定资产清查	1 天	第 1 周
		(三)无形资产核算	1. 无形资产取得核算 2. 无形资产摊销核算 3. 无形资产减值核算 4. 无形资产处置核算	1 天	第 1 周
		(四)投资性房地产核算	1. 投资性房地产取得核算 2. 投资性房地产成本模式核算 3. 投资性房地产公允价值模式核算	1 天	第 1 周
		(五)应付款项业务的核算	1. 应付账款核算 2. 预付款项核算 3. 应付票据核算 4. 其他应付款的核算	1 天	第 1 周
		(六)应交增值税、消费税核算	1. 增值税的核算 2. 消费税的核算	1 天	第 1 周

续附表 2-1

编号	项目	任务	学习内容	学习周数	学习地点
二	投资核算	(一)金融资产核算	1.交易性金融资产核算	2天	万江财务代理公司或正祥会计师事务所,第2周
			2.持有至到期投资核算	2天	
			3.可供出售的金融资产核算	1天	
		(二)长期股权投资核算	1.长期股权投资取得核算	2天	
			2.成本法核算	2天	
			3.权益法核算	1天	
三	借款核算	(一)短期借款核算	短期借款核算	2天	万江财务代理公司或正祥会计师事务所,第3周
		(二)长期借款核算	长期借款核算	3天	
		(三)应付债券核算	应付债券核算	5天	
四	资本核算	(一)实收资本核算	1.实收资本的核算 2.股本的核算 3.库存股的核算	5天	万江财务代理公司或正祥会计师事务所,第4周
		(二)资本公积核算	资本公积核算	2天	
		(三)留存收益核算	1.盈余公积核算 2.未分配利润核算	3天	
五	收入核算	(一)商品销售收入的核算	商品销售收入的核算	3天	万江财务代理公司或正祥会计师事务所,第5周
		(二)劳务收入的核算	劳务收入的核算	1天	
		(三)让渡资产使用权的核算	让渡资产使用权的计算与会计分录的编制	1天	
		(四)应收款项核算	1.应收账款核算 2.应收票据核算 3.预收账款核算 4.其他应收款核算 5.坏账准备的核算	5天	
六	成本费用核算	成本费用核算	营业成本核算 1.主营业务成本的核算 2.其他业务成本的核算	3天	万江财务代理公司或正祥会计师事务所,第6周
			3.税金及附加核算	1天	
			期间费用核算 1.管理费用的核算 2.财务费用的核算 3.销售费用的核算	1天	

续附表 2-1

编号	项目	任务	学习内容	学习周数	学习地点
七	职工薪酬核算	应付职工薪酬的核算	1. 应付职工薪酬的内容 2. 工资的核算	1 天	万江财务代理公司或正祥会计师事务所，第 7 周
			3. 福利费的核算 4. 非货币性福利的核算	1 天	
			5. 社会保险的核算 6. 住房公积金、工会经费、职工教育经费核算	2 天	
			7. 短期带薪缺勤的核算 8. 个人所得税核算	1 天	
八	所得税核算	所得税的计算与账务处理	1. 资产、负债的账面价值与计税基础的确定与计算	2 天	万江财务代理公司或正祥会计师事务所，第 8 周
			2. 递延所得税核算	2 天	
			3. 所得税费用核算	1 天	
九	利润核算	利润的计算与结转	1. 利润的计算	3 天	万江财务代理公司或正祥会计师事务所，第 9 周
			2. 利润的结转	2 天	

附表 2-2　会计记账与核算学徒工作计划(共 10 周)

编号	项目	任务	工作内容	工作周数	工作地点
一	物资与付款核算	(一)存货核算	1. 收集并填制原始凭证 2. 编制记账凭证 3. 存货盘点 4. 登记账簿 5. 试算平衡	1 天 第 10 周	万江财务代理公司或正祥会计师事务所
		(二)固定资产核算	1. 收集并填制原始凭证 2. 编制记账凭证 3. 折旧计算 4. 登记账簿 5. 固定资产盘点	1 天 第 10 周	
		(三)无形资产核算	1. 收集并填制原始凭证 2. 计算 3. 编制记账凭证 4. 登记账簿	1 天 第 10 周	
		(四)投资性房地产核算	1. 收集原始凭证，检查合同 2. 计算 3. 编制记账凭证 4. 登记账簿	1 天 第 10 周	

续附表 2-2

编号	项目	任务	工作内容	工作周数	工作地点
一	物资与付款核算	(五)应付款项业务的核算	1. 收集原始凭证，确定信用 2. 计算 3. 编制记账凭证 4. 登记账簿	1 天 第 10 周	
		(六)应交增值税、消费税核算	1. 收集原始凭证 2. 计算 3. 编制记账凭证 4. 填制纳税申报表	1 天 第 10 周	
二	投资核算	(一)交易性金融资产核算	1. 收集原始凭证，检查合同 2. 计算 3. 编制记账凭证 4. 登记账簿	3 天 第 11 周	万江财务代理公司或正祥会计师事务所
		(二)长期股权投资核算	1. 与投资方办理投资协议合同，洽谈投资事宜，准备各项资料 2. 计算 3. 编制记账凭证 4. 登记账簿	2 天 第 11 周	
三	借款核算	(一)短期借款核算 (二)长期借款核算 (三)应付债券核算	1. 与银行办理借款协议合同，洽谈借款事宜，准备各项资料 2. 计算 3. 编制记账凭证 4. 登记账簿	5 天 第 12 周	万江财务代理公司或正祥会计师事务所
四	资本核算	(一)实收资本核算 (二)资本公积核算 (三)留存收益核算	1. 与企业办理吸收投资协议合同，洽谈投资事宜，准备各项资料，利润分配流程、分配内容 2. 计算 3. 编制记账凭证 4. 登记账簿	5 天 第 13 周	万江财务代理公司或正祥会计师事务所
五	收入核算	(一)商品销售收入的核算 (二)劳务收入的核算 (三)让渡资产使用权的核算 (四)应收款项核算	1. 与企业检查销售合同、协议，确定信用，办理收款方式 2. 计算 3. 编制记账凭证 4. 登记账簿	10 天 第 14、15 周	万江财务代理公司或正祥会计师事务所

续附表 2-2

编号	项目	任务	工作内容	工作周数	工作地点
六	成本费用核算	成本费用核算	1.收集企业各种支出原始凭证，办理付款方式 2.计算 3.编制记账凭证 4.登记账簿	2 天 第 16 周	万江财务代理公司或正祥会计师事务所
七	职工薪酬核算	应付职工薪酬的核算	1.收集企业各种支出原始凭证，办理付款方式 2.计算，编制工资表和各种费用计提表，发放工资 3.编制记账凭证 4.登记账簿	8 天 第 16、17 周	万江财务代理公司或正祥会计师事务所
八	所得税核算	所得税的计算与账务处理	1.收集企业资产、负债账面价值、计税基础，并进行计算，确定应纳税暂时性差异和可抵扣暂时性差异，编制差异表 2.计算 3.编制记账凭证 4.登记账簿	5 天 第 18 周	万江财务代理公司或正祥会计师事务所
九	利润核算	利润的计算与结转	1.登记账簿，结出损益类账户余额 2.计算 3.编制记账凭证 4.计算利润 5.结转利润	5 天 第 19 周	万江财务代理公司或正祥会计师事务所

附录3 企业学徒选拔标准

一、学徒选拔的基本原则

坚持“公平、公正、公开”的原则，做到选拔条件与考核内容公开、选拔经过公开、选拔结果公开，选拔优秀学徒入厂实践。

二、选拔对象、条件及人数

（一）选拔对象

新疆农业职业技术学院会计与审计专业大一第二学期全体学生。

（二）选拔条件

1. 思想端正，有良好的道德品质和文明的行为习惯；
2. 身体健康，对会计类工作热爱，具有团队合作意识；
3. 专业课程成绩优秀，文化课程学习成绩较好；
4. 有责任感和奉献精神，品行端正；
5. 自愿参加，入选后同意参加昌吉市庭州万江财务咨询有限责任公司等三家企业现代学徒制培训；
6. 毕业后（学成后），自愿在本企业财务等领域工作。

（三）选拔人数

根据合作企业选拔学徒的人数确定。

三、选拔程序

个人提出书面申请—经济贸易学院根据学生情况进行推荐—用人单位综合考核，

确定人选—由企业、学院、学生（未成年人由家长代理）等三方共同签订学徒协议。

四、 学徒选拔考核技术标准

（一） 考核命题标准

学徒选拔考核以会计从业资格国家职业标准的工作要求为基础，适当增加新知识、新技能等相关内容，以实际操作的形式进行考核。试题由学徒选拔企业组织有关专家统一命制。

（二） 考核内容及要点

1. 考核方法

给定某企业一个月的业务，要求在财务软件进行基本的账务处理。

2. 考核内容

凭证的录入、试算平衡。

3. 考核时间

要求 2 小时内完成。

4. 技术要求

（1） 能够准确无误地建立账套。

（2） 根据给定业务进行部门、人员、往来账、科目的设置。

（3） 记账凭证的录入、会计主管的复核。

（4） 报表的试算平衡。

5. 评分要求

财务会计业务处理和会计电算化两部分。财务会计业务处理为手工账，企业一个月的经济业务，学生根据业务填制记账凭证，进行试算平衡。比例为 50 分；会计电算化主要考评学生的建账和基本的账务处理过程，对一个月的财务处理流程有较全面的了解。比例为 50 分。

6. 考核工具、用具提供

（1） 场地座位、电脑由学院实训室提供；

（2） 其他工具、用具由学徒自备（如笔、演算纸等）。

五、 成绩评定

由合作企业组成专家组对考核作品进行评分。

通过对参选学徒现场操作根据评分标准进行评定，考评其对会计基础知识的掌握程度等方面，以此来认定学徒的真实业务水平和今后的发展潜力。

附录4 企业师傅选拔标准

一、 聘任对象

会计专业现代学徒制企业师傅的聘请对象主要是各类企业对于财务工作有丰富的经验、具备中级会计师职称及一线指导财务工作能力的在职人员。

二、 聘任条件

1. 热爱会计事业，对培养会计人才有充分热情，具有良好的政治思想素质和职业道德。

2. 具备丰富的处理问题能力，善于沟通和表达，掌握灵活运用行业知识进行技能传授和讲解的能力。

3. 工作经历（工种）成绩突出，善于“传、帮、带”，近三年在企业生产工作中没有违纪、违章、违规行为。

4. 取得会计类专业的中级会计师以上（含）等级证书，在行业内具有一定的声誉。

5. 接受过专门的职业教育或系统的会计类专业技能培训。

6. 有制订、实施培训方案的能力，具备良好的语言表达能力和沟通交流能力。

7. 身体健康，心理健康，能坚持正常工作，男性60岁以下、女性50岁以下。

三、 评聘程序

由企业根据评选条件，结合实际情况采取（笔试、技能操作）方式进行评选。

获得推选的师傅需填写《会计类行业师傅申报认定表》单位盖章后，由单位和合作院校共同审核。

经评审通过的师傅，发放聘书，聘期为三年。聘书加盖学院和师傅所在企业公章。

四、 奖励办法

对于师傅带徒弟期间表现优秀的人员给予精神奖励，由单位和学院统一发文表彰，发给获奖证书。

将优秀师傅的评选获奖情况计入个人档案，作为晋职晋级的考核依据之一。

会计类行业师傅申报认定表　　　　No.

<table>
<tr><td>姓名</td><td></td><td>性别</td><td></td><td>年龄</td><td colspan="2"></td><td rowspan="3">照片</td></tr>
<tr><td colspan="2">工作单位</td><td colspan="2"></td><td>技术
职务资格</td><td></td><td></td></tr>
<tr><td colspan="2">通信地址</td><td colspan="3"></td><td>邮政编码</td><td></td></tr>
<tr><td colspan="2">邮箱</td><td colspan="2"></td><td colspan="2">最高学历、学位</td><td colspan="2"></td></tr>
<tr><td colspan="2">专业技术职称</td><td colspan="2"></td><td colspan="2">毕业学校及时间</td><td colspan="2"></td></tr>
<tr><td colspan="2">技术、专业特长</td><td colspan="2"></td><td colspan="2">现从事技术岗位</td><td colspan="2"></td></tr>
<tr><td colspan="2">拟担师傅岗位</td><td>岗位一</td><td></td><td>岗位二</td><td></td><td>岗位三</td><td></td></tr>
<tr><td colspan="2">岗位工作经历</td><td colspan="6"></td></tr>
<tr><td colspan="2">传授技能及
工作业绩</td><td colspan="6"></td></tr>
<tr><td colspan="2">学习情况</td><td colspan="6"></td></tr>
<tr><td colspan="2">所在单位
推荐意见</td><td colspan="6">盖　章
年　　月　　日</td></tr>
<tr><td colspan="2">合作院系意见</td><td colspan="6">主任签字(单位代章)：</td></tr>
</table>

参 考 文 献

[1] 财政部会计资格评价中心. 初级会计实务. 北京：中国财政经济出版社，2018.
[2] 杨闻萍. 初级会计实务应试指南. 北京：经济科学出版社，2018.
[3] 财政部会计资格评价中心. 中级会计实务. 北京：中国财政经济出版社，2019.
[4] 张志凤，闫华红. 中级会计实务应试指南. 北京：北京大学出版社，2019.
[5] 新会计制度. 中国财政部颁发的会计制度，2018 年 6 月.